村上春樹
「かえるくん、東京を救う」
英訳完全読解

Super-Frog Saves Tokyo

2014（平成26）年　7月20日第1刷発行
2014（平成26）年　10月5日第2刷発行

原作／村上春樹
編者／NHK出版

発行者／溝口明秀
発行所／NHK出版

〒150-8081
東京都渋谷区宇田川町41-1
電話
0570-002-045（編集）
0570-000-321（注文）
ホームページ
http://www.nhk-book.co.jp
振替00110-1-49701
印刷・製本／光邦

＊本書は、NHKラジオ
「英語で読む村上春樹」
2013年10月号～2014年3月号の
テキストに掲載された
英文解説から抜粋したものです。

Printed in Japan
ISBN 978-4-14-035127-7 C0082

英訳完全読解

村上春樹

Haruki Murakami

「かえるくん、東京を救う」

Super-Frog Saves Tokyo

村上春樹・原作
NHK出版・編

NHK出版

巻頭解説執筆／沼野充義
英文解説執筆／侘美真理
ブックデザイン／岡本一宣デザイン事務所
本文DTP／(株)ノムラ
校正／下山健次、(有)シーモア
編集協力／小林丈洋

目次

Contents

Contents

Contents

短編「かえるくん、東京を救う」について

About
"Super-Frog
Saves
Tokyo"

村上春樹の短編「かえるくん、東京を救う」は、連作『地震のあとで』の一編として、初めに『新潮』1999年12月号に掲載され、その後、短編集『神の子どもたちはみな踊る』(新潮社、2000年。のちに新潮文庫版2002年)に収録されました。この短編集は連作『地震のあとで』の6編をあわせて単行本としたもので、表題は連作中の一つから取られています。「かえるくん、東京を救う」の英訳は、ジェイ・ルービンJay Rubinの翻訳によって最初はGQの2002年6月号に発表されました。英訳のタイトルは“Super-Frog Saves Tokyo”となっています。そして短編集『神の子どもたちはみな踊る』全体の英訳が、同じJay Rubin訳によって単行本として2002年に出版され、そこに収録されました。英訳単行本のタイトルは*after the quake*(「地震のあとで」)。

『神の子どもたちはみな踊る』に収められた6つの短編は、すべて1995年2月に設定されています。周知のよ

うに1995年1月には特に神戸に甚大な被害をもたらした阪神・淡路大震災があり、同年3月にはオウム真理教によって地下鉄サリン事件が引き起こされました。作家自身の言葉によれば、「そのふたつの大事件にはさみこまれた」「不安定な、そして不吉な月」に、「人々がどこで何を考え、どんなことをしていたのか」書きたかったとのことです。どうして特にその時期なのか?　村上春樹は、「1995年の初めに起こったこの二つの大事件は、戦後日本の歴史の流れを変える(あるいはその転換を強く表明する)出来事であった」と説明しています(『村上春樹全作品 1990〜2000 ③ 短篇集Ⅱ』講談社、2003年、解題より)。

この短編集の中で「かえるくん、東京を救う」は異色の作品です。他の5編はおおむねリアリスティックな調子のうちに物語が展開するのに対して、これだけはファンタジーの性格が強いからです。小説の冒頭にいきなり、人間と同じように物を言う蛙がでてきて、その蛙がミミズの化け物と闘ったりするのですから、ある意味では荒唐無稽なおとぎ話だと言ってもいいでしょう。その物語の鮮烈な面白さと、会話の端々に感じられる知的なユーモア、そして作品の奥に秘められた倫理的なメッセージの重さなどがあいまって、数多くの村上春樹の短編の中でも、この作品を特別なものにしています。連作短編集『神の子どもたちはみな踊る』の中でも、一番人気が高く、よく知られた作品になっているのもうなずけます。

物語は、ある日、新宿の信用金庫に勤める平凡なサラリーマンの片桐が帰宅したところ、自分のアパートの部屋の中で背丈が2メートル以上もある巨大な蛙が待っていた、という光景から始まります。人間の言葉を話すその蛙は、なぜか自分のことを「かえるくん」と呼ぶように片桐に要求したうえで、驚くべき話をします。新宿の地下で「みみずくん」が怒っていて、神戸に続いて東京でも大地震を起こそうとしている。15万人もの犠牲者が出る大惨事を未然に防ぎ、東京を破滅から救うために、

「かえるくん」は地下にもぐって「みみずくん」と対決しなければならない。そのためには片桐のようなごく普通の人間の協力が必要なのだ、というのです。ほとんど何の取り柄もない片桐のような平凡な男に何ができるのか。はたして、東京は破滅から救われるのだろうか……。

2013年4月から翌14年3月まで私が講師を担当した『英語で読む村上春樹』という番組（NHKラジオ第2放送）では、4月から9月にかけて村上春樹の短編「象の消滅」を、10月から3月にかけて「かえるくん、東京を救う」を読みました。番組ではそれぞれの短編の英訳を18のセクションに分け、一回に1セクションずつ、日本語の原文と対照しながら、半年かけて最初から最後まで精読・味読しました。

なお、日本語テキストの底本としては、新潮文庫版『神の子どもたちはみな踊る』を使いました。英訳はアメリカ版とイギリス版の間に若干綴りなどの違いがありますが、アメリカ版を採りました。

編集部より

今回、2013年9月から2014年2月にかけてNHK出版より刊行した『NHKラジオ　英語で読む村上春樹　世界の中の日本文学』から、「かえるくん、東京を救う」のパートを一冊にまとめるにあたって、オリジナルの日本語原作とジェイ・ルービンによるその英訳、そして侘美真理氏による英文解説を中心に、ここに掲載したことをお断りしておきます。放送にあわせて毎月刊行されたテキストには侘美真理氏によるwords & phrases と comparison & focusの二つからなる英文解説が掲載されていました。この英文解説には、語学的・文法的な説明の他に、翻訳の技術と実践や、テキストの背後にある生活や文化や考え方の違いといった観点からの考察がふんだんに盛り込まれていて、普通の英語教材とは一味違ったものになっていました。

今回まとめるにあたっては、紙幅の都合から、翻訳という観点からみて面白いと思われたり興味深いと思われる比較ポイントを編集部の責任においてテキストから任意に抽出し、Translation Notes として一つにまとめました。テキスト刊行時のままの文章を編集部の責任で掲載させていただいたことをお断りします。また、日本語原作とその英訳は読者の読みやすさを考慮し、39のセクションに分けて見開き単位で読んでいけるようにしました。

文学の解釈の可能性が多岐にわたることは言うまでもありません。本書の解説はその一例を紹介するものです。番組進行と同時に解説作成に際して、番組講師の沼野充義氏、解説執筆の侘美真理氏を中心に、番組出演者であったマシュー・チョジック氏、日本文学研究者であるライアン・モリソン氏を交えた勉強会を開催し、活発な議論が重ねられたことを記しておきます。

日本語原文と英訳を全面的に比較しながら、翻訳論・比較文化論の方向に一歩踏み込んだ前例のあまりないユニークな教材として、英語学習者や翻訳に興味をお持ちの皆さまだけでなく、村上春樹作品の愛読者の皆さまにも、興味深いものになっていることを期待しています。

Super-Frog Saves Tokyo

#1

Waiting

Katagiri found a giant frog waiting for him in his apartment. It was powerfully built, standing over six feet tall on its hind legs. A skinny little man no more than five-foot-three, Katagiri was overwhelmed by the frog's imposing bulk.

"Call me 'Frog,' " said the frog in a clear, strong voice.

Katagiri stood rooted in the doorway, unable to speak.

"Don't be afraid, I'm not here to hurt you. Just come in and close the door. Please."

Briefcase in his right hand, grocery bag with fresh vegetables and canned salmon cradled in his left arm, Katagiri didn't dare move.

"Please, Mr. Katagiri, hurry and close the door, and take off your shoes."

The sound of his own name helped Katagiri snap out of it. He closed the door as ordered, set the grocery bag on the raised wooden floor, pinned the briefcase under one arm, and unlaced his shoes. Frog gestured for him to take a seat at the kitchen table, which he did.

待っている

片《かた》桐《ぎり》がアパートの部屋に戻ると、巨大な蛙《かえる》が待っていた。二本の後ろ脚で立ちあがった背丈は2メートル以上ある。体格もいい。身長1メートル60センチしかないやせっぽちの片桐は、その堂々とした外観に圧倒されてしまった。

「ぼくのことはかえるくんと呼んで下さい」と蛙はよく通る声で言った。

片桐は言葉を失って、ぽかんと口を開けたまま玄関口に突っ立っていた。

「そんなに驚かないでください。べつに危害をくわえたりはしません。中に入ってドアを閉めて下さい」とかえるくんは言った。

片桐は右手に仕事の鞄《かばん》を提げ、左手に野菜と鮭《さけ》の缶詰の入ったスーパーの紙袋を抱えたまま、一歩も動けなかった。

「さあ、片桐さん。早くドアを閉めて、靴を脱いで」

片桐は名前を呼ばれてようやく我に返った。言われたとおりドアを閉め、紙袋を床に置き、鞄を脇《わき》に抱えたまま靴を脱いだ。そしてかえるくんに導かれるままに台所のテーブルの椅子《いす》に座った。

Translation Notes #1

·Super-Frog Saves Tokyo

Super-Frog は原タイトルの「かえるくん」に比べ、「力強さ」と「大きさ」が強調されていると言える。動物名に「くん」や「さん」がつけられた日本語の呼び方には、その動物に親近感を覚えさせる効果がある。「かえるくん」にはかわいらしさや漫画チックなイメージが伴い、「東京を救う」イメージとの一種の矛盾、あるいはその寓話的なタイトルが、読者の好奇心を誘うと言えるかもしれない。一方、英訳の Super-Frog は Superman を想起させ、「救う」(save)という動詞と矛盾なく結びつく。Superman のような「力強さ」が示されると同時に、super という単語にはもともと「巨大な、特大の」という意味もあり、原文冒頭の「巨大な蛙《かえる》」という表現のイメージにもしっくりくる。なお、「蛙」を表す英語は frog の他、toad もある。toad は「ヒキガエル、ガマガエル」を指し、体の大きな蛙をイメージする。しかし、toad は西洋のおとぎ話などでは醜さ、愚かさ、悪者などを表すことが多く、寓話的なタイトルとしてはあまり良いイメージを伴わず、この文脈には合わないと言えるであろう。frog は一般的な蛙の総称でもあり、基本的には緑色でぴょんぴょん跳ぶ蛙の姿がイメージされる。

ℓ.01→ Katagiri found a giant frog waiting for him in his apartment

「片桐はアパートで自分を待っている巨大な蛙を見つけた、片桐はアパートに戻ると巨大な蛙が自分を待っているのに気づいた」。原文は「片桐《かたぎり》がアパートの部屋に戻ると、巨大な蛙《かえる》が待っていた」(1 行目)である。これを直訳して、When Katagiri was back in his apartment, he found a giant frog waiting for him. などのような文にすることも可能であるが、日本語のシンプルな文体に比べると、多少長々しいと言えるであろう。この一例で挙げた文は、いわゆる複文(つまり、1つの文の中に、主語と述語で成り立つ文の形〈=節〉が2つあり、それらが主節と従属節の関係で結ばれている）である。それに比べて実際の英訳の文は、いわゆる単文（1つの文に主語と述語で成り立つ文の形が1つだけ）である。単文のほうが原文の日本語のシンプルな文体の感覚により近いと言えるであろう。この小説の少なくとも冒頭部分の文体は淡々として、至ってシンプルであることが特徴である。従って、英訳においても、この一文に限らず、その後に続く文章はできる限り単文（あるいは、単文が and や but で並列されているような文〈=いわゆる重文〉）を用いているようでもある。

ℓ.02→ It was powerfully built

直訳すれば「それ（蛙）は力強い体の造りだった」、つまり「その体つきは力が強そうだった」。動詞 build は「～を建てる、造り上げる」という意味であるが、その過去分詞 built には「体が～のように造り上げられている」、「体つきが～である」という意味がある。原文は「体格もいい」（3行目）である。原文では「背丈は2メートル以上ある」（2行目）と「巨大な蛙」の大きさをまず説明してから、次に体格の説明を補足している。一方、英訳ではまず体格についての文が先に来ている。また、powerfully built という表現で、原文にはない「力強く」（powerfully）という単語を導入している。これはおそらく、タイトルの Super-Frog のイメージを引き継いでいるからであり、まずは「力強さ」のイメージを先に持ってくるほうがより自然な流れになるということであろう。

ℓ.04→ A skinny little man no more than five-foot-three

「（片桐は）たった5フィート3インチ（=約160cm）のやせた小柄な男だったので（圧倒された）」。この部分全体で分詞構文の形である。文頭 A skinny little man の前に Being が省略されている。分詞構文においてbeingという分詞は省略されることが多い。この句全体が、その後に続く文の述語動詞(was overwhelmed)で表される(片桐の)様子について付加的な説明を加えている。蛙の大きさに比べて背の低いやせた男だったので、片桐は圧倒された、という意味になる。形容詞 skinny は「やせた、やせっぽちの」。「やせた」を表す英語はその他に、thin「やせた」、slim「ほっそり、すらりとした」、slender「ほっそり、すらりとした」などがある。skinny は場合によっては「やせこけた、がりがりの」と否定的な意味合いを持つ。no more than 〜 = only 〜。five-foot-three は身長を表しており、正確には five feet three inches tall である。しかし一般的には、身長を伝える場合、I'm five foot three. や I'm five foot. のように inch や tall が省略されることが多い。また、tall が略される場合、foot と単数形になる。なお、この文で five-foot-three とハイフンが挿入されているのは、形容詞的に用いられているからである。

ℓ.06→ the frog's imposing bulk

「その蛙の堂々とした巨体」。動詞の impose はもともと「〜を押しつける、〜を負わす、〜を課す」という意味を持つが、その形容詞 imposing は、文脈にもよるが、「堂々とした、立派な」などの意味になる。名詞 bulk はもともと「かさ、大容量、大きな塊」の意味。原文は「その堂々とした外観」(4行目)である。

ℓ.07→ "Call me 'Frog,'" said the frog in a clear, strong voice

原文の「かえるくん」と「蛙」の区別を、英訳では Frog と frog で区別している。Frog と大文字にすることで、この蛙の名前(もしくはニックネーム)であるということが理解できる。一方で、原文の「『ぼくのことはかえるくんと呼んで下さい』」(6行目)のせりふから受ける印象に比べると、"Call me 'Frog,'" はやや直接的な物言いにも聞こえる。気軽に声をかけている印象もあるが、その後の in a clear, strong voice (「はっきりとした力強い声で」)という表現も伴い、少し威圧的な印象も受けるかもしれない。原文は「よく通る声で」(6行目)。英訳に

strongという形容詞があるのは、その数行前のpowerfullyという言葉に呼応しているようでもある。一方、原文のせりふは、「ぼく」、「〜して下さい」という言葉の遣い方から、若い男性の丁寧な物言いの印象があると言える。

ℓ.09→ Katagiri stood rooted

「片桐は釘付けになったように立っていた、片桐はその場で立ちつくしていた」。rootedは分詞（過去分詞）の形で形容詞として働く。この場合、主語の様子を説明する補語として働いている。動詞rootはもともと「〜を根付かせる」という意味であるが、転じて「（根が生えたように）〜を動けない状態にする」の意味にもなる。root 〜 to the spotで「〜をその場に釘付けにする」という意味の成句にもなる。従って、Katagiri stood rooted to the spotとも言える。原文は「片桐は〜突っ立っていた」（8行目）である。

ℓ.09→ unable to speak

「しゃべることができず（その場で立ちつくしていた）」。全体で分詞構文の形である。もともとbeing unable to speakであるが、原文は「言葉を失って」（8行目）とある。また、原文には続けて「ぽかんと口を開けたまま」（8行目）とある。しかし、英訳ではこれに相当する表現が見当たらない。英語でもwith his mouth openなどの表現が存在するが、ここではあえて片桐の「驚き」や「呆然」とした様子ではなく、力に圧倒されている印象を残したかったのかもしれない。

ℓ.11→ Don't be afraid

「怖がらないように」。be afraid of〜で「〜を怖がる」の意味。この場合、of meが省略されていると考えてよい。原文は「『そんなに驚かないでください』」（10行目）である。これは直前の「ぽかんと口を開けたまま」（8行目）という片桐の様子を受けた表現と考えられる。英訳ではその表現は省略されてしまっているため、ここでの片桐はどちらかというと「蛙」（frog）の前で少々怖気づいているということになるであろう。

ℓ.11→ I'm not here to hurt you

直訳すれば「私はあなたを傷つけるためにここにいるのではありません」、つまり「あなたを傷つけるつもりはないのです」ということ。to hurt you は不定詞の副詞的用法である。原文は「べつに危害をくわえたりはしません」(10 行目)。

ℓ.12→ Please

「どうぞ」。この場合の please は「お願い」という懇願ではなく、「さあどうぞ」の意味である。原文の「(中に入ってドアを閉めて)下さい」(11 行目)という丁寧な表現とも通じる。この「さあどうぞ」の意味の please は数行後にも繰り返されている。

ℓ.13→ Briefcase in his right hand, grocery bag [...] cradled in his left arm

= With a briefcase in his right hand and a grocery bag cradled in his left arm　「右手には書類かばん、左腕には買い物袋を抱えて(動こうとしなかった)」。

briefcase は「書類かばん」。原文は「仕事の鞄《かばん》」(13 行目)とある。grocery bag は「買い物袋」。grocery は「食料品、食品雑貨類」の意味。従って、grocery bag は食料品を買ったときの紙袋もしくはプラスチックの袋を指す。bag は「かばん」の意味だけでなく、「袋」の意味でもよく用いられる。原文は「スーパーの紙袋」(14 行目)。cradled は分詞(過去分詞)の形で (a) grocery bag を修飾している。動詞 cradle は本来「〜を揺りかごに入れてあやす」、「〜をそっと腕に抱いて寝かしつける」などの意味であるが、ここでは比喩的に用いられており、買い物袋を腕に抱えている様子を表す。原文は単に「紙袋を抱えたまま」(14 行目)とあるが、英訳では cradle と arm という言葉を用いることで紙袋を腕に抱きかかえている様子がはっきりとする。

ℓ.13→ with fresh vegetables and canne salmon

「新鮮な野菜と缶詰めのサケ(が入った買い物袋)」。形容詞

fresh は「新鮮な」という意味であるが、特に「新鮮」であることを強調しているわけではない。スーパーの野菜売り場やレストランのサラダメニューなどでも fresh vegetables という言葉がよく見かけられる。形容詞 canned は「缶詰めの」の意味。名詞は can。

ℓ.15→ Katagiri didn't dare move

「片桐はどうしても動かなかった」。「dare + to 不定詞」=「思い切って（あえて）〜する」。不定詞の to は省略されることがある。原文は「一歩も動けなかった」（14 行目）。

ℓ.18→ The sound of his own name helped Katagiri snap out of it

直訳すれば「自分自身の名前を呼ぶ音は片桐が気を取り直すのに役立った」、つまり「自分の名前を耳にして片桐ははっと気を取り戻すことができた」。動詞 snap は「パチンと、ポキッと、ピシャッと音を立てる」という意味の音を表す単語であるが、この文の snap out of it は決まった言い方で、「気を取り直す、ぱっと気持ちを変える、元気になる」などの意味である。sound、snap のような音を表す単語をつなげることで、片桐の様子の一瞬の変化をうまく表していると言える。原文は「片桐は名前を呼ばれてようやく我に返った」（17 行目）とある。

ℓ.20→ set the grocery bag on the raised wooden floor

「一段上がった木の床に買い物袋を置いた」。形容詞 raised は「一段上がった、高くなった」。原文はただ「紙袋を床に置き」（18 行目）とだけある。英訳で raised wooden floor とあるのは、日本の家やアパートの玄関を再現しているためである。つまり、「玄関を上がる」という日本語の表現にあるように、日本家屋では玄関にまず靴を脱ぐ空間があり、一段上がって屋内に入るのが一般的であるが、欧米では屋内でも土足であるために全て連続している。このように段差と床の素材の違いを表す言葉を導入することで、玄関口の境界を表していると言える。

ℓ.21→ pinned the briefcase under one arm

「書類かばんを脇に挟んだ」。動詞 pin はもともと「ピンで留める、固定する」の意味。この場合はかばんを脇にぎゅっと挟んで固定している様子を表している。under one arm は「(片)腕の下に」、つまり「小脇に抱えて」。ただし under his arm という言い方のほうが普通である。原文の「鞄を脇《わき》に抱えたまま」(18 行目) に相当する。英訳の表現のほうがより具体的な描写である。

ℓ.22→ unlaced his shoes

「靴紐をほどいた」。動詞 unlace は「(靴紐などの) 紐をほどく」の意味。名詞 lace はいわゆる「レース」であるが、そのほか「靴紐」なども lace で表される。動詞 lace は「紐で締める、縛る」の意味。また、接頭辞の un- が動詞につくと、基本的にはその動詞が意味する行為と逆の行為を表すことになる。例えば、lace「縛る」↔ unlace「ほどく」、cover「覆う、隠す」↔ uncover「覆いをとる、明らかにする」、do「行う」↔ undo「もと通りにする」など。原文ではただ「靴を脱いだ」(19 行目)とある。片桐が家に入るときの一連の動作については、英訳の描写のほうがより具体性を帯び、1つ1つの行為が個別的に、かつ段階的に説明されている(原文からは片桐がどのような靴を履いているかわからないが、「靴を脱いだ」よりも「靴紐をほどいた」のほうが具体的かつ段階的動作の描写と言える)。

ℓ.22→ Frog gestured for him to take a seat at the kitchen table, which he did

「『蛙』は彼(片桐)に台所のテーブルのところ(の椅子)に座るよう手招きし、そして彼はそうした」。gesture はこの場合動詞で、「身振りで表す」の意味。to take a seat は「(彼が)座るために、座るように」という意味で、不定詞の副詞的用法である。to 不定詞の意味上の主語は for ~で表されることに注意。take a seat は成句で「座る、腰かける」。which は関係代名詞。直前にコンマがあるので非制限(継続)用法。

前の文の一部（テーブルのところに座る）ことを受けている。原文は「かえるくんに導かれるままに台所のテーブルの椅子《いす》に座った」（19 行目）とある。

#2

Urgent Matter

"I must apologize, Mr. Katagiri, for having barged in while you were out," Frog said. "I knew it would be a shock for you to find me here. But I had no choice. How about a cup of tea? I thought you would be coming home soon, so I boiled some water."

Katagiri still had his briefcase jammed under his arm. Somebody's playing a joke on me, he thought. Somebody's rigged himself up in this huge frog costume just to have fun with me. But he knew, as he watched Frog pour boiling water into the teapot, humming all the while, that these had to be the limbs and movements of a real frog. Frog set a cup of green tea in front of Katagiri, and poured another one for himself.

Sipping his tea, Frog asked, "Calming down?"

But still Katagiri could not speak.

"I know I should have made an appointment to visit you, Mr. Katagiri. I am fully aware of the proprieties. Anyone would be shocked to find a big frog waiting for him at home. But an urgent matter brings me here. Please forgive me."

大事な急ぎの用件

「ねえ片桐さん」とかえるくんは言った。「お留守中に勝手に上がり込んでしまって、申し訳ありません。さぞや驚かれたことでしょうね。でもこうするよりほかにしかたなかったんです。いかがです、お茶でも飲みませんか？　そろそろおかえりだと思って、お湯をわかしておきました」

片桐はまだ鞄をじっと脇に握りしめていた。これは何かのいたずらなのだろうか？　誰かが着ぐるみの中に入って私をからかっているのだろうか？　でも鼻歌を歌いながら急須《きゅうす》に湯を注いでいるかえるくんの身体《からだ》つきや動作は、どう見ても本物の蛙だった。かえるくんは湯飲みをひとつ片桐の前に置き、ひとつを自分の前に置いた。

「少しは落ちつかれましたか？」とかえるくんはお茶をすすりながら言った。

片桐はまだ言葉を失ったままだった。

「本来ならばアポイントメントをとってから来るべきところです」とかえるくんは言った。「それはよくわかっているんです、片桐さん。家に帰ったら、とつぜん大きな蛙が待っていたりしたら、誰だって驚きます。しかしとても大事な急ぎの用件があったのです。失礼の段はお許し下さい」

Translation Notes #2

ℓ.01→ I must apologize [...] for having barged in while you were out

直訳すれば「私はあなたが外出している間に勝手に押しかけてしまったことを謝らなければならない」、つまり「あなたがいない間に勝手に入ってしまって申し訳ない」。apologize for ～で「～について謝る」。I must apologize for ～ はよく使われる表現で、I'm sorry for ～ より丁寧で儀礼的である(日本語の「申し訳ない」という表現に近いと言える)。barge in は「押しかける、勝手に入り込む」という決まった言い方。前置詞 for の後なので動名詞の形になり、さらに述語動詞(apologize)よりも前の時制(つまり過去の出来事)を表すために完了形(having barged in)になっている。副詞の out はこの場合、「外に出て」、つまり「外出中で」の意味。

ℓ.03→ I knew it would be a shock for you to find me here

直訳すれば「あなたがこの場所に私を見つけてショックを受けるだろうということはわかっていた」。ショックを受けることが最初からわかっていたということは、そのニュアンスとしては「ここに私がいるのを見てあなたはきっとショックを受けたはずだ」ということ。原文は「さぞや驚かれたことでしょうね」(3 行目) である。なお、英語の a surprise 「驚き、びっくり」は肯定的な文脈で用いられることが多いので、この場合は a shock が適当であると言えるだろう。

ℓ.04→ I had no choice

「選択の余地はなかった、他の方法はなかった」。have no choice は決まった言い方で「えり好みなどできない、他の道はない」という意味。原文は「でもこうするよりほかにしかたなかったんです」(3 行目)。

ℓ.05→ How about a cup of tea?

「お茶を一杯いかがですか、お茶でもどうですか」。How about ～？は「～はいかがですか」と何かを勧める言い方。なお、欧米の文化・文脈では tea はもちろん「紅茶」を指すことになる。ただし、ここで How about a cup of green tea? とするのは会話としては不自然になると考えられる。読者が日本の文化に通じていないと、この green tea に何か特別に意味があるものと受けとめられる可能性もあるだろう。ここではお茶の種類は問題ではないので、英語の会話としてごく自然に How about a cup of tea? としている。green tea という語句は、次の段落の地の文で初めて導入されている。

ℓ.06→ I boiled some water

「お湯を沸かした、沸かしておいた」。動詞 boil は「沸騰させる、沸かせる」。日本語では「お湯を沸かす」と表現するが、英語では「水を沸騰させる」と表現する。some water とあるのは「いくらかの水」。英語で表現する場合、ただ boil water とするよりは、その水がどのくらいの量であるかを示すのが自然である。多く(much)もなく、少なく(little)もなければ、「ほどほどの、適量の」という意味合いで some を使う。

ℓ.08→ Katagiri still had his briefcase jammed under his arm

「片桐はまだ書類かばんを脇に抱えたままだった」。動詞 jam はもともと「押し込む、詰め込む」の意味。この場合は、前出の pin と同じく、かばんを脇に挟んで押さえている様子を表している。原文は「片桐はまだ鞄をじっと脇に握りしめていた」(7 行目)である。

ℓ.09→ Somebody's playing a joke on me

= Somebody is playing a joke on me　「誰かが私をからかっている」。play a joke on ～は「～をからかう」という決まった言い方。この文には引用符(quotation marks)が使われていないものの、その後に he thought という語句が続き、片桐の心の中の言葉が直接話法のように提示されている。従って、時制は現在形(現在進行形)である。原文では「これは何かのいたずらなのだろうか?」(7 行目)と自問している。またその後に続く文において「誰かが(着ぐるみの中に入って)私をからかっているのだろうか?」(8 行目)ともある。英訳では、自問するというよりは、「これはきっと誰かが私をからかっているのだ」と自分自身に言い聞かせているようである。より現実的な思考を表していると言えるかもしれない。

ℓ.10→ Somebody's rigged himself up in this huge frog costume

= Somebody has rigged himself up in this huge frog costume　直訳すれば「誰かがこの巨大な蛙の衣装の中に入って(蛙の)装いをしたのだ」、つまり「誰かがこんな大きな蛙の衣装を装着しているのだ」。rig up ～は「～にある装いをさせる、～を着飾らせる」という意味。現在完了形(has rigged up)になっているのは、「装着した」行為は過去の時点であるが、その状態が現在に続いているから。この文も、片桐の心の言葉が直接話法のように表されている。前の文と合わせて、原文の「誰かが着ぐるみの中に入って私をからかっているのだろうか?」(8 行目)の部分の訳に相当する。

ℓ.11→ just to have fun with me

「ただ私を面白がらせようとして(蛙の衣装を着たのだ)」。この to 不定詞は副詞的用法(「～するために」)。have fun は決まった言い方で、「楽しく遊ぶ、面白いことをする」、あるいはただ「楽しむ」という意味でも用いられる。原文には見当たらない表現であるが、からかわれる理由を添えることで、より現実的な考え方が示されていると言えるかもしれない。

ℓ.12→ as he watched Frog pour boiling water into the teapot

「彼（片桐）は『蛙』が沸かしたお湯をティーポット（急須）に注いでいるのを見つめながら（これらはきっと～であると思っていた）」。動詞 pour は「注ぐ、つぐ」。boiling water は字義通りには「沸騰している水」であるが、つまり「沸騰したお湯、沸かしたお湯」ということである。ちなみに、boiled という形容詞は「ゆでた」の意味になる。なお、teapot は欧米の文化では、もちろん紅茶用のポットを指す。

ℓ.14→ these had to be the limbs and movements of a real frog

「（見ていると）これらは本物の蛙の手足や動きでなければならない（とわかった）、（見つめながら）これらの手足や動きはきっと現実の蛙のものである（と思っていた）」。these は目の前にいる「蛙」の手足や動作を指している。複数の対象物を見ているので、this の複数形 these を用いている。limb は動物（人間も含む）の「肢」そのものを指す。現実の蛙の「肢」、つまり「手足」であるということで、ここでは legs ではなく limbs としている。また、「蛙」の 4 本の「手足」とその一連の動作ということで、それぞれの名詞が複数形になってもいる。原文の「（かえるくんの）身体《からだ》つきや動作は、どう見ても本物の蛙だった」（10 行目）に相当する英訳である。原文の「身体つき」を英訳では蛙の「手足」の部分に特化させている。

ℓ.16→ poured another one for himself

「自分用にももう一杯ついだ」。for himself は「自分自身のために」、つまり「自分用に」。原文は「ひとつを自分の前に置いた」（12 行目）とある。つまり、お茶の入った湯飲みを「ひとつ片桐の前」に、「ひとつを自分の前」に置いたということである。一方、英訳では「コップを置く」のではなく「もう一杯ついだ」とある。欧米では来客に「お茶」を出す場合、卓上にティーカップとティーポットがセットで供されることが普通であるので、ごく自然な動作としてそのように表しているのかもしれない。

ℓ.17→ Calming down?

「気分が落ち着いてきましたか（落ち着きましたか）?」。calm down は「気分が落ち着く、冷静になる」。この場合、正確には Are you calming down now? という文を省略した形と考えられ、厳密には「気分が落ち着いてきていますか?」という意味になるが、会話文においてはこのように be 動詞も主語も省略することが頻繁であり、本来の時制の意味はほとんど意識されていないことが多い。ただ Calm down? と尋ねるよりは、進行形のほうが少し物腰が柔らかい印象である。原文は「少しは落ちつかれましたか?」（14 行目）である。

ℓ.20→ I am fully aware of the proprieties

「私は礼儀作法については十分わきまえている」。be aware of ～は「～に気づいている」もしくは「～を知っている、承知している」(= know)。この場合は後者の意味。名詞 propriety は「礼儀正しいこと」。ただし、the proprieties という形では「礼儀作法」の意味になる。原文は「それはよくわかっているんです、片桐さん」（18 行目）とある。「片桐さん」という呼びかけは、英訳ではこの前の文に挿入されている。前の文が you で終わっているので、流れとして Mr. Katagiri は、その呼びかけの対象である you の後に持ってくるのが自然ということであるのかもしれない。また、原文の「それはよくわかっているんです」の「それ」が指しているのは、「アポイントメントをとってから来るべき」ということであるが、英訳ではそれを the proprieties としている。アポイントメントをとるという行為も含めた社会的な礼儀全般をわきまえているという言い方に変わっている。全体の意味を捉えた英訳とも理解できるが、一方で、ここは原文の「かえるくん」の丁寧な言動を一言で表す必要があったということもあるかもしれない。

これまで「かえるくん」はお茶を淹れたり、言葉遣いに敬語を用いるなど丁寧な振る舞いをし、またその振る舞いは大変日本的でもある。英訳ではその点を考慮し、「蛙」の力強さや大きさだけでなく、その礼儀正しさにも焦点を当てようとしているとも考えられる。日本文化のみならず、日本語の独特な敬語表現をそのまま英語に訳すことは難しい。これまでも、「申し訳ありません」や「少しは落ちつかれましたか」という原文の英語訳には一工夫があったと言える。そのような原文の「かえるくん」のイメージをよりクリアなものにさせるために the proprieties という一言を加えたのであろう。

ℓ.22→ an urgent matter brings me here

直訳すれば「ある緊急事態が私をここに連れてきている」、つまり「ある緊急なことがあって私はここにいるのだ」ということ。形容詞 urgent は「緊急の、差し迫った」。この文における bring の使い方は特殊ではなく、物や事柄を主語にして「(ある物・事)が〜をもたらす、(ある物・事)のために〜に至る」という意味で bring を用いることはよくある。少し堅い表現ではある。しかし例えば、What brings you here? という疑問文は会話でもよく使われる。「どうしてここに来たのですか?」(=Why did you come here?)の意味。原文は「とても大事な急ぎの用件があったのです」(21 行目)。「とても大事な急ぎの用件」と強調されているが、英語は urgent matter だけで「緊急事態、大至急の問題」とのっぴきならない状況を表すことができる。原文の「用件」は business とも訳せるが、この文脈ではビジネスのような「仕事の用件」という意味に受け取られる可能性がある。matter を用いると、「用件」だけでなく「何か大事な問題が起きた」という謎めいた感じもあり、適した訳であると言える。

ℓ.23→ Please forgive me

「申し訳ない」。決まった言い方。字義通り訳せば「私を許してください」、つまり「私の失礼をお許しください」ということ。多少改まった言い方ではあるが、軽く「失礼」という意味でも Forgive me は使われることがある。一方原文は「失礼の段はお許し下さい」(21 行目)と非常に丁寧で、改まった言い方である。

#3

Discourtesy

“Urgent matter?” Katagiri managed to produce words at last.

“Yes, indeed,” Frog said. “Why else would I take the liberty of barging into a person’s home? Such discourtesy is not my customary style.”

“Does this ‘matter’ have something to do with me?”

“Yes and no,” said Frog with a tilt of the head. “No and yes.”

I’ve got to get a grip on myself, thought Katagiri. “Do you mind if I smoke?”

“Not at all, not at all,” Frog said with a smile. “It’s your home. You don’t have to ask my permission. Smoke and drink as much as you like. I myself am not a smoker, but I can hardly impose my distaste for tobacco on others in their own homes.”

Katagiri pulled a pack of cigarettes from his coat pocket and struck a match. He saw his hand trembling as he lit up. Seated opposite him, Frog seemed to be studying his every movement.

“You don’t happen to be connected with some kind of *gang* by any chance?” Katagiri found the courage to ask.

礼儀知らず

「用件？」、やっと片桐は言葉らしきものを口にすることができた。

「そうです、片桐さん。いくらなんでも、用件もなしに他人の家に勝手に上がり込んだりはしませんよ。ぼくはそんな礼儀知らずではありません」

「私の仕事に関係した用件ですか？」

「答えはイエスであり、ノーです」とかえるくんは首を傾《かし》げて言った。「ノーであり、イエスです」

ここはひとつ落ちつかなくては、と片桐は思った。「煙草《たばこ》を吸ってもかまいませんか？」

「もちろんもちろん」とかえるくんはにこやかに言った。「あなたのおうちじゃありませんか。ぼくにいちいち断ることなんかありません。煙草だってお酒だって、ご自由にやってください。ぼく自身は煙草を吸いませんが、他人の家で嫌煙権を主張するような無法なことはしません」

片桐はコートのポケットから煙草を取り出し、マッチをすった。煙草に火をつけるときに、手が震えていることに気づいた。かえるくんは向かいの席から、その一連の動作を興味深げに見守っていた。

「ひょっとして、あなたはどこかのクミの関係者じゃありませんよね？」と片桐は思い切って尋ねてみた。

Translation Notes #3

ℓ.01→ **Katagiri managed to produce words**

「片桐はなんとか言葉を発することができた」。動詞 produce は「生み出す、産出する」。produce words という言葉の組み合わせはそれほど一般的ではないが、原文には「片桐は言葉らしきものを口にすることができた」(1 行目) とあり、つまり、(まだ言葉とは言えないかもしれないが) なんとか人間の言葉らしいものを発話できた、というようにもとらえられるので、produce という単語が用いられていると考えられる。また、produce には「~を取り出す、引き出す」という意味もある。

ℓ.03→ **Why else would I [...]?**

「一体、その他に何の理由があって~すると言えるだろうか」。つまり、「緊急なことがあるという理由がなければ~するはずがない」ということ。反語表現。この would も仮定法として理解できる。起こりそうもないことを仮定し、「その他にどのような理由があるとすれば、私は~するのだろうか」という意味。原文は「いくらなんでも、用件もなしに~はしませんよ」(3 行目)。

ℓ.04→ **take the liberty of barging into [...]**

「勝手に~に押しかける」。take the liberty of ~ ing は成句で、「(失礼を顧みず) 勝手に~する」の意味。liberty には「自由」の意味のほか、「自由気まま、勝手、無礼」などの意味がある。

ℓ.05→ **Such discourtesy is not my customary style**

「そのような不作法は私の通常のやり方ではない」。名詞 discourtesy は「失礼、無作法」。反対語が courtesy 「礼儀、丁寧な行為」。形容詞 customary は「慣例の、習慣的な」。この原文は「ぼくはそんな礼儀知らずではありません」(4

行目）である。英訳はその表現をそのまま訳すのではなく、原文にはないが、my customary style という堅い表現を用いることで「蛙」の格式ばった物言いを表そうとしているようである。

ℓ.07→ Does this 'matter' have something to do with me?

「その（緊急な）ことは私に何か関係があるのですか」。have something to do with ～は「～と関係がある」。原文は「私の仕事に関係した用件ですか?」（6 行目）とある。原文は「私の仕事」となっているが、英訳は something to do with me と「私自身に何か関係がある」のかどうか尋ねている。そもそも「仕事」に関係しているかどうかの前に、「自分」に関係しているかどうかを尋ねるほうが重要であるということになる。一方、原文が「私の仕事」となっていることの背景には日本人のアイデンティティーが反映していると言えるかもしれない。もし「自分」に関係しているということならば、それは「仕事」のことであるに違いないという発想であり、つまり、この質問によって典型的な日本人のサラリーマンの姿が自然にイメージできると言えるかもしれない。それを英訳で something to do with my work/job と字義通りに訳しても、そのイメージには直結しないであろう。むしろ会話として自然な流れに沿って訳されていると言える。

ℓ.09→ Yes and no

「イエスでもあるしノーでもある、そうでもあるしそうでもないとも言える」。英語としては決まった言い方である。

ℓ.09→ with a tilt of the head

「頭を傾けながら」。名詞 tilt は「傾き、傾けること」。原文は「首を傾《かし》げて」（7 行目）である。このように、日本語の「首」が英語では「頭」になることがある。例えば、「首を振る」は

shake one's head である。

ℓ.10→ No and yes

通常 Yes and no とは言うが、No and yes と言うわけではない。

ℓ.11→ get a grip on myself

成句で「気をしっかり持つ、心を落ち着ける、自制する」。名詞 grip は「握ること」を意味するが、「把握、掌握」の意味もある。次に thought Katagiri と続くので、片桐の心のつぶやきを表す。

ℓ.14→ You don't have to ask my permission

「私の許可を求める必要はありません」。ask one's permission は「～の許可を請う」。名詞 permission は「許可、認可」。原文は「ぼくにいちいち断ることなんかありません」(12 行目)。

ℓ.15→ Smoke and drink as much as you like

「あなたが好きなだけ(たくさん)煙草を吸ったり、お酒を飲んだりしてください」。つまり、「どうぞ自由に煙草を吸ったりお酒を飲んだりしてください」ということ。drink はこの場合「お酒を飲む」の意味である。as much as you like は「好きなだけ」を表す決まった言い方。原文は「煙草だってお酒だって、ご自由にやってください」(13 行目)である。

ℓ.16→ I myself am not a smoker

「私自身は煙草を吸いません」。英語で「(日常的に)煙草を吸う / 吸わない」と言う場合、I smoke./I don't smoke. と言うことも可能ではあるが、このように a smoker を用いるのも自然である。

ℓ.16→ I can hardly impose my distaste for tobacco on others

「私は自分の煙草嫌いを他人に押しつけることなど到底できない」。つまり「自分が煙草を嫌いだからと言ってそのことを人には強要できない」ということ。副詞 hardly は「ほとんど〜ない」という意味で、not を用いなくても否定の意味になる。文脈によっては「全く〜ない」、「決して〜ない」と強い否定を表すこともある。impose 〜 on ... は「〜を…に押しつける、負わす、課す」。名詞 distaste は「嫌うこと、嫌いであること」。前置詞は for を伴う。tobacco は「煙草」、「(紙巻き煙草と区別して)刻み煙草」、「(植物としての)タバコの葉」(発音記号: [təbǽkoʊ])。ここでは単に「煙草、喫煙」という意味なので、smoking とすることも可能ではある。ただし、これまで「蛙」は丁寧な表現や改まった言い回し(例えば I must apologize for 〜、Please forgive me、Such discourtesy is not my customary style など)を用いており、この my distaste for tobacco という表現は多少気どった感じもある。原文は「嫌煙権を主張するような無法なことはしません」(15 行目)とあり、この「嫌煙権を主張する」という表現の理屈っぽく、堅苦しい雰囲気を、英訳では distaste や tobacco などの単語を用いることで表していると言える。なお、英語では「嫌煙権」を表す日常的なフレーズはない。

ℓ.19→ a pack of cigarettes

「煙草一箱」。cigarette は「紙巻き煙草」を指す。従ってここに tobacco は用いられない。また、原文は「(ポケットから)煙草を(取り出し)」(17 行目) とあり、「煙草一箱」となってはいないが、a pack of cigarettes という英語の表現は一般的である。

ℓ.20→ He saw his hand trembling

「彼(片桐)は自分の手が震えているのが見てとれた」。He = Katagiri。構文「see+ 目的語 + 動詞の原形 / 分詞」=「(目的語)が〜するのを見る、(目的語)が〜するのが見える・

見てわかる」。知覚動詞の構文である。動詞 tremble は「震える」。原文は「手が震えていることに気づいた」(18 行目)である。

ℓ.21→ Seated opposite him

「(『蛙』は)彼(片桐)の反対側に座り(じっと見ているようだった)」。文頭の Being が省略されている分詞構文。分詞(being seated)で始まる句がその後の述語動詞(seemed to be studying)で表される(「蛙」の)様子について説明を加えている。「反対側に座って、座っているので」などの意味にとらえられる。なお、be seated はこの形で「座る」という意味の決まった表現。opposite はこの場合、前置詞で「〜の反対側に、〜の向かい側に」。テーブルを挟んで向かい側に、目の前にということである。him = Katagiri。原文は「向かいの席から(見守っていた)」(19 行目)である。

ℓ.22→ Frog seemed to be studying his every movement

「『蛙』は彼(片桐)の動作全てをじっと見ているようだった、動作一つ一つを注意深く見ているようだった」。構文「主語+seem+to 不定詞」=「(主語)が〜するように見える(思える)」。この場合、to 不定詞が進行形(to be studying)になっている。つまり「〜しているように見える(思える)」。study には「勉強する、研究する」の意味のほか、「じっと見る」などの意味がある。原文は「その一連の動作を興味深げに見守っていた」(19 行目)である。「興味深げに見守る」という表現は、「興味を持って観察している」ようにも「気遣って見守っている」ようにも受け取れる。英語の study は対象を客観的に見つめるという意味で「観察する」の意味に近い。そのため seem to を用いて少し表現をやわらげているようでもある。

ℓ.24→ You don’t happen to be [...]?

「ひょっとしてあなたは〜であるということはありませんよね」。「happen + to 不定詞」=「偶然〜する、ひょっとして〜である」。この文は、「あなたはひょっとして〜ではないのですか」の意味ではない。「〜ではありませんよね」と付加疑問文のような意味合いになる。文尾の [...], do you? が省略されていると考えればよい。

ℓ.25→ some kind of *gang*

「『ギャング』のようなもの」。some はこの場合「何らかの」。gang は「ギャング」であるが、日本の文脈では「暴力団」、「ヤクザ」の訳として使われることが多い。原文は「どこかのクミ(の関係者じゃありませんよね)」(21 行目)である。

To Save Tokyo

“Ha ha ha ha ha ha! What a wonderful sense of humor you have, Mr. Katagiri!” he said, slapping his webbed hand against his thigh. “There may be a shortage of skilled labor, but what gang is going to hire a frog to do their dirty work? They’d be made a laughingstock.”

“Well, if you’re here to negotiate a repayment, you’re wasting your time. I have no authority to make such decisions. Only my superiors can do that. I just follow orders. I can’t do a thing for you.”

“Please, Mr. Katagiri,” Frog said, raising one webbed finger. “I have not come here on such petty business. I am fully aware that you are assistant chief of the Lending Division of the Shinjuku branch of the Tokyo Security Trust Bank. But my visit has nothing to do with the repayment of loans. I have come here to save Tokyo from destruction.”

Katagiri scanned the room for a hidden TV camera in case he was being made the butt of some huge, terrible joke. But there was no camera. It was a small apartment. There was no place for anyone to hide.

「はははははは」とかえるくんは笑った。大きな明るい笑い声だった。そして水《みず》掻《か》きのある手でぴしゃっと膝《ひざ》をたたいた。「片桐さんもなかなかユーモアのセンスがありますよね。だってそうでしょう。この世の中、いくら人材不足だとはいえ、どこの暴力団が蛙なんかを雇いますか？　そんなことしたら世間のいい物笑いじゃありませんか」

「もしあなたが返済金の交渉に来られたのなら、それは無駄ですよ」と片桐はきっぱりと言った。「私個人には一切の決定権はないんです。私は上の決定に従って、命令を受けて行動しているだけです。どのようなかたちにせよ、あなたのお役にたてることはありません」

「ねえ片桐さん」とかえるくんは言って指を一本空中に立てた。「ぼくはそんなちゃちな用事でここに来たわけではありません。あなたが東京安全信用金庫新宿支店融資管理課の係長補佐をやっておられることは承知しています。しかしこれは借金の返済とは関係のない話です。ぼくがここにやってきたのは、東京を壊滅から救うためです」

片桐はあたりを見回した。どっきりカメラとかそういう種類の大がかりな悪い冗談にひっかけられているのかもしれない。しかしカメラはどこにもなかった。小さなアパートの部屋だ。誰かが身を隠すような場所もない。

Translation Notes #4

ℓ.01→ Ha ha ha ha ha ha!

英語では通常 Ha-ha! の形で笑い声を表すが、この場合は原文の「はははははは」(1 行目)の 6 つの「は」の羅列に合わせている。なお、原文はその後に、「とかえるくんは笑った。大きな明るい笑い声だった」とあるが、英訳では省略されている。ha の羅列が大きな、そして明るい笑い声を表すのは明らかであるので、省略したと考えられる。英訳では、笑い声に続けて What a wonderful sense of humor [...]! の文が続き、その後に he said という語りの言葉を挿入している。また、この順序の入れ替えに伴い、かえるくんのその後の「だってそうでしょう」というせりふも省略されている。

ℓ.03→ slapping his webbed hand against his thigh

「(『蛙』は)水掻きのついた(片方の)手で自分の腿をぴしゃりと叩いた」。分詞構文の形。分詞(slapping)で始まる句がその前の述語動詞(said)の様子について説明している。he said and slapped his webbed hand against his thigh と考えるとわかりやすい。動詞 slap は「(手などを)ぴしゃりと打つ、(足などを)バンと打ち鳴らす、(物を)バタンと置く」などの意味。音を表す語である。形容詞 webbed は「水掻きのついた」。名詞 web は「クモの巣」や「ウェブ」のほか、「水掻き」の意味がある。前置詞 against は「〜に対して」。字義通りに訳せば「水掻きのついた手を腿に対してぴしゃりと打ちつけた」である。名詞 thigh は「腿、大腿部」。動物にも使う。なお、原文は「水《みず》掻《か》きのある手でぴしゃっと膝《ひざ》をたたいた」(2 行目) とあり、「腿」ではなく「膝」である。日本語では「膝を打つ」という表現もあり、実際は膝上あたりの腿を叩いていても、慣用的に「膝」と表現するであろう。英訳のほうがその様子を正確に描写していると言えるかもしれない。

ℓ.06→ to do their dirty work

「彼らの汚い仕事をするのに(蛙を雇うだろうか)」。to不定詞の副詞的用法「～するために」。gangは集団を表す名詞であるので、itsではなくtheirで受けている。この表現に相当する原文は見当たらないが、skilled laborという表現と呼応させ、仕事の内容を具体的に表していると言える。

ℓ.06→ They'd be made a laughingstock

「彼らは笑いものになるだろう」。They = the gang。They'd = They would。wouldは仮定法として理解できる。仮に蛙を雇うようなギャングがいたとしたら、お笑い種になるだけであろう、という意味合い。make ～ a laughingstock で「～を笑いものにする」という決まった表現。この文はその受身の形になっている。「～は笑いものにされるだろう」ということ。原文は「そんなことしたら世間のいい物笑いじゃありませんか」(6行目)である。

ℓ.09→ you're wasting your time

「あなたは時間を無駄にしている」。動詞wasteは「浪費する、無駄にする」。原文は「(もしあなたが返済金の交渉に来られたのなら、)それは無駄ですよ」(8行目)とある。原文は「返済金の交渉は無駄である」、つまり「交渉などできない」という意味である。一方、英訳は「それは単に時間の無駄である」と表現している。結果としては同じ内容を表していると言えるが、英語ではwaste of timeというフレーズがとても頻繁に用いられるので、自然な会話文としてそのように表していると言える。ただし、その後に続く原文の「と片桐はきっぱりと言った」(9行目)は英訳では省略されている。

ℓ.09→ I have no authority to make such decisions

「私にはそのような判断を下す権限がない」。名詞 authority は「権威、権限」。不定詞句はこの場合「〜することができる権限」という意味の形容詞的用法であり、authority を後ろから修飾している。make a decision で「決定する、判断する」。この場合は decisions と複数形になっているので、厳密には「返済金のような諸々のことについて判断を下す権限がない」ということになる。原文は「私個人には一切の決定権はないんです」(9 行目)である。

ℓ.10→ Only my superiors can do that. I just follow orders

「私の上の者だけがそれを行う(=決定を下す)ことができる。私はただ命令に従うだけである」。do that = make such decisions。名詞 superior はこの場合、「上司、上役」の意味。複数形になっているので、自分より上の人々全体を指している。原文の「私は上の決定に従って、命令を受けて行動しているだけです」(10 行目)に相当する。

ℓ.11→ I can't do a thing for you

「あなたのために私は何一つできない」。文脈からこの a thing は「何かたいしたこと」、あるいは「何かたった一つのこと(さえもできない)」の意味になる。原文の「どのようなかたちにせよ、あなたのお役にたてることはありません」(11 行目)に相当する英訳である。

ℓ.13→ Please

この場合は勧誘(「さあどうぞ」)や懇願(「お願い」)の意味ではなく、意味合いとしては「どうかやめてください、そのようなことは言わないでください」ということ。日本語の「いやいや」に近い。ただし、英語の Please のほうがわずかに儀礼的と言えるかもしれない。原文には「ねえ(片桐さん)」(13 行目)とある。

ℓ.14→ I have not come here on such petty business

「そんなちゃちな用事で私はここに来たのではありません」。現在完了形を用いているのは「現在」までその状態(片桐のアパートに来て部屋にいる状態)が続いているから。形容詞 petty は「ささいな、とるに足らない、けちな、ちゃちな」などの意味。business はこの場合「用事」。前置詞は on を用いる。

ℓ.21→ Katagiri scanned the room for a hidden TV camera

「片桐は隠されたテレビカメラがないかと部屋を見回した」。動詞 scan は「〜をざっと見る、〜の全体にさっと目を通す」という意味。「(画像などを)スキャンする、走査する」の意味でも用いられる。scan の基本的な意味は、必要な情報を求めて全体を見ることである。この場合は隠しカメラがないかどうか部屋全体を見回したということ。前置詞 for は「〜を求めて」。原文は「片桐はあたりを見回した」(20 行目)である。カメラについての言及は原文ではその後に続く。

ℓ.22→ in case he was being made the butt of some huge, terrible joke

「自分が何か大変ないたずらのターゲットになっているといけないと思って、なっているという場合もあるかもしれないから(カメラがないか部屋を見回した)」。つまり、「彼(自分)がターゲットにされている」ということ。名詞 butt は「(あざけりや非難の)的になる人、対象、ターゲット」の意味。形容詞 some はこの場合「何か、何らかの」。原文は「どっきりカメラとかそういう種類の大がかりな悪い冗談にひっかけられているのかもしれない」(20 行目)。

「どっきりカメラ」は、英訳では「隠されたテレビカメラ(がないかと部屋を見回した)」として前の文に組み込まれている。また、原文は片桐の心の中の言葉を直接表しているかのように「〜にひっかけられているのかもしれない」とだけあるが、英訳では「ひっかけられているといけないから(カメラがないか部屋を見回した)」と因果関係をはっきりさせている。

Real Frog

“No,” Frog said, “we are the only ones here. I know you are thinking that I must be mad, or that you are having some kind of dream, but I am not crazy and you are not dreaming. This is absolutely, positively serious.”

“To tell you the truth, Mr. Frog — ”

“Please,” Frog said, raising one finger again. “Call me ‘Frog.’ ”

“To tell you the truth, Frog,” Katagiri said, “I can’t quite understand what is going on here. It’s not that I don’t trust you, but I don’t seem to be able to grasp the situation exactly. Do you mind if I ask you a question or two?”

“Not at all, not at all,” Frog said. “Mutual understanding is of critical importance. There are those who say that ‘understanding’ is merely the sum total of our misunderstandings, and while I do find this view interesting in its own way, I am afraid that we have no time to spare on pleasant digressions. The best thing would be for us to achieve mutual understanding via the shortest possible route. Therefore, by all means, ask as many questions as you wish.”

“Now, you *are* a real frog, am I right?”

本物の蛙

「ここにはぼくらの他には誰もいませんよ、片桐さん。たぶんあなたはぼくのことを頭のいかれた蛙だとお思いのことでしょう。あるいは白日夢でも見ているのではないかと。しかしぼくは狂ってはいませんし、これは白日夢ではありません。ぎりぎりに真剣な話なんです」

「ねえ、かえるさん」と片桐は言った。

「かえるくん」とかえるくんはまた指を一本立てて訂正した。

「ねえ、かえるくん」と片桐は言い直した。「あなたを信用していないわけではありません。ただ私にはまだよく事態がつかめていないんです。今ここで何が起こっているのか、理解できていないんです。それで、少し質問していいですか？」

「もちろんもちろん」とかえるくんは言った。「理解しあうのはとても大事なことです。理解とは誤解の総体に過ぎないと言う人もいますし、ぼくもそれはそれで大変面白い見解だと思うのですが、残念ながら今のところぼくらには愉快な回り道をしているような時間の余裕はありません。最短距離で相互理解に達することができれば、それがいちばんです。ですから、いくらでも質問してください」

「あなたは本物の蛙ですよね？」

Translation Notes #5

ℓ.01→ No, [...] we are the only ones here

「いや、ここには私たちだけです」。原文は「ここにはぼくらの他には誰もいませんよ、片桐さん」(1 行目)である。原文には No に相当する表現はないが、「蛙」が片桐の動向に注意していて、すかさず心の中を読みとったということを表す効果がある。隠しカメラか何かがあるのではないかという疑問を読みとって No と言っているととらえられるだろう。

ℓ.03→ you are having some kind of dream

「あなたは今何か夢のようなものを見ている」。some は「何らかの」。なお、英語で「夢を見る」は have a dream、あるいは dream ～と動詞を用いる。原文は「白日夢でも見ている(のではないかと)」(3 行目)である。「白日夢を見る」は英語で have a daydream という言い方があるが、daydream は基本的に楽しいことの空想や想像を指すので、ここでは「何か夢のようなもの」という表現になっている。

ℓ.05→ This is absolutely, positively serious

「これは全くもって真面目なことだ」。this は現在の状況を指している。副詞 absolutely は「絶対に、全く、断然」という意味で、物事を強調する際によく用いられる。副詞 positively はもともと「肯定的に、積極的に」の意味であるが、absolutely と同じく「絶対に、全く、断然」の意味で強調として用いられることがある。また、この文のように absolutely, positively ～ とこの順に重ねて強調することが会話では多い。形容詞 serious は「真面目な、真剣な」。原文は「ぎりぎりに真剣な話なんです」(5 行目)とある。最大限に真剣である、真剣極まるという意味を英訳では「絶対に真剣だ」という強い肯定で表している。

ℓ.07→ To tell you the truth

「実は、実を言うと」。決まった言い方。原文は「ねえ」(7 行目)である。「ねえ」は相手に対する呼びかけであると同時に何か話を切り出す際に用いられるわけであるが、ここでは片桐が自分の気持ちを説明しようと切り出しているので、英訳ではその状況と文脈を解して別の表現を導入している。「実のところ、まずは状況がよく飲み込めていないのだ」という意味で To tell you the truth が使われている。そのため、後でもう一度この表現を繰り返す際、その後に続く文は「まだ状況がよく飲み込めていない」という意味を表す訳が続き、実際の原文の語順とは異なっている。

なお、これまで「かえるくん」は「ねえ片桐さん」と 25 ページ 1 行目、41 ページ 13 行目の 2 回呼びかけているが、その英訳は単に Mr. Katagiri (24 ページ ℓ.1)、あるいは Please, Mr. Katagiri (40 ページ ℓ.13)であった。この小説では、英訳において please が様々なニュアンスで用いられて効果的であるように、原文では「ねえ」が実は色々な意味で挿入されているということが理解される。

ℓ.07→ Mr. Frog

片桐が Mr. Frog と呼びかけると、「Frog と呼んでください」と訂正される。Mr. Frog の原文は「かえるさん」(7 行目)。つまり、原文における「かえるくん」と「かえるさん」を英訳では Frog と Mr. Frog で訳し分けている。原文の「かえるくん」と「かえるさん」の違いの 1 つとして、呼びかけるときの親近感・距離感の相違がある。それを反映した英訳と考えられる。英米では、親しい人に対してはファーストネームで呼びかけ、それ以外の一般的なシチュエーションでは名字に Mr./Mrs./Ms./Miss という敬称をつけて呼ぶということがよく知られている。この場合、大文字で始まる Frog は名前(もしくはニックネーム）であるということが理解されており（少なくとも文字を読む読者には）、それがファーストネームか名字であるかはともかく、Mr. をつけることで距離感や丁寧さが増す。それに対して Frog に訂正されるということは距離感を縮めることを意味すると言えるわけである。

なお、英語には Mr./Mrs./Ms.（= 既婚・未婚にかかわらず女性に対して用いる敬称）/Miss 以外に、口頭で呼びかける敬称や呼称はなく、日本語の「〜くん」や「〜ちゃん」、あるいは「〜様」などを英語で表すことは基本的にできない。従って、この場合は敬称を伴うか伴わないかでその距離感を表していると言える。ただし、原文の「かえるくん」と「かえるさん」にはその他の相違もあると言えるであろう。例えば「かえるくん」という呼び方からは、「かえるくん」の子供っぽさや若さをイメージするかもしれない。

しかし、英訳では Frog と Mr. Frog の違いだけではそのようなことを想起することができない。また、自分で自分のことを「かえるくん」と呼ぶのは一種の性格付けでもあると言える。少し不思議な「かえるくん」のキャラクターに対して、「かえるさん」と「さん」をつけて呼ぶ片桐は日本人の典型のようでもあり、一風変わった「かえるくん」に対して真面目な「片桐」という対照が浮かび上がる。その点に関して英訳では、“Call me ‘Frog’ ” と言われて Mr. Frog と呼びかける Katagiri のほうが一風変わった印象を与えるかもしれない。このように、日本語の「〜くん」がもたらす効果が全て英訳に反映されているわけではない。ちなみに、「かえるくん」が「男性」であることはタイトルの時点で（また、自分のことを「ぼく」と呼ぶので）イメージされることであるが、英訳では Mr. Frog と呼ばれるまでは「男性」であるかどうかははっきりしないものの、タイトルの Superman をイメージさせる Super-Frog という言葉遣い、また冒頭からの力強く巨大なイメージからすでに「男性」のイメージが持たれているということになるであろう。

ℓ.10→ I can’t quite understand what is going on here

「私はここで何が起きているのかあまりよく理解できない」、つまり「事態があまりわかっていない」ということ。原文の「今ここで何が起こっているのか、理解できていないんです」(12行目)に相当する英訳である。この部分の片桐のせりふは原文の語順と幾つか入れ替わっていることに注意。

ℓ.16→ of critical importance

= very important「非常に重要である」。「of + 抽象名詞」の形で形容詞として働くことがある。of importance はあえて字義通りに訳せば「重要性を持っている」ということで、つまり「重要である」ということ。文法的にも形容詞の important と同じ働きをする。形容詞 critical は「批評の、批判的な」の意味のほかに、「重大な、決定的に重要な」という意味がある。従って、of critical importance は「決定的に重要な、非常に重要な」ということになる。原文は「とても大事なことです」(16行目)。原文に比べて英訳は堅い表現である。

ℓ.21→ The best thing would be for us to achieve mutual understanding via the shortest possible route

「最善のことは(おそらく)私たちが最短のルート(方法)で相互理解に達することであろう」。the shortest possible route は直訳すれば「短くし得る限りの短いルート」、つまり「最短のルート」。possible は最上級(the shortest)を強調している。原文は「最短距離で相互理解に達することができれば、それがいちばんです」(20行目)とある。「最短距離」とあるのはその前に「回り道」(19行目)という表現があるからであるが、英訳では route という「道」と「方法」の両方の意味を掛け持つ単語を用いることで「最短距離」の意味合いを表している。

ℓ.23→ Therefore

「それ故に、従って」。論理的帰結を示す言葉であるので、日常の会話よりは議論の中で使用されたり、もしくは論理性が求められる文章などで使われたりすることが多い。原文では「ですから」(21行目)とある。「かえるくん」の理屈っぽさや表現の堅さを表すのに、英訳では therefore という単語を用いていると考えられる。

#6

Destruction

"Yes, of course, as you can see. A real frog is exactly what I am. A product neither of metaphor nor allusion nor deconstruction nor sampling nor any other such complex process, I am a genuine frog. Shall I croak for you?"

Frog tilted back his head and flexed the muscles of his huge throat. *Ribit! Ri-i-i-bit! Ribit-ribit-ribit! Ribit! Ribit! Ri-i-i-bit!* His gigantic croaks rattled the pictures hanging on the walls.

"Fine, I see, I see!" Katagiri said, worried about the thin walls of the cheap apartment house in which he lived. "That's great. You are, without question, a real frog."

"One might also say that I am the sum total of all frogs. Nonetheless, this does nothing to change the fact that I am a frog. Anyone claiming that I am not a frog would be a dirty liar. I would smash such a person to bits!"

Katagiri nodded. Hoping to calm himself, he picked up his cup and swallowed a mouthful of tea. "You said before that you have come here to save Tokyo from destruction?"

"That is what I said."

"What kind of destruction?"

"Earthquake," Frog said with the utmost gravity.

壊滅

「もちろんごらんのとおり本物の蛙です。暗喩《あんゆ》とか引用とか脱構築とかサンプリングとか、そういうややこしいものではありません。実物の蛙です。ちょっと鳴いてみましょうか」

かえるくんは天井を向いて、喉《のど》を大きく動かした。**げええこ、うぐっく、げえええええええこおお、うぐっく**。巨大な声だった。壁にかかっている額がびりびりと震えて傾くほどだった。

「わかりました」と片桐はあわてて言った。壁の薄い安アパートなのだ。「けっこうです。あなたはたしかに本物の蛙だ」

「あるいはぼくは総体としての蛙なのだと言うこともできます。しかしたとえそうだとしても、ぼくが蛙であるという事実に変わりはありません。ぼくのことを蛙じゃないというものがいたら、そいつは汚いうそつきです。断固粉砕してやります」

片桐はうなずいた。そして気持ちを落ちつかせるために、湯飲みを手にとって茶をひとくち飲んだ。「東京が壊滅するのを防ぎたいとおっしゃいましたね？」

「申し上げました」

「それはいったいどんな種類の壊滅なのですか？」

「地震です」とかえるくんは重々しい声で言った。

Translation Notes #6

ℓ.01→ A real frog is exactly what I am

「本物の蛙とはまさに私自身のことです」。つまりこの場合は、「本物の蛙が私自身を作っている」というような意味合いである。what は関係代名詞。それを考慮して what I am を直訳すると「私がそうであるところのもの」という意味になるが、文脈によって「現在の私」、「私自身」、「ありのままの自分」などの意味になる。よく使われる表現である。副詞 exactly は「正確に」の意味のほか、「ちょうど、まさに」の意味もある。これは原文の「(ごらんのとおり) 本物の蛙です」(1 行目) に相当する英訳と考えられる。もちろん、you are a real frog, am I right? と尋ねられて、Yes, I am a real frog. とシンプルに答えることも可能であるが、ここでも理屈っぽくもったいぶった答え方になっている。その後に「暗喩」や「脱構築」などの専門用語が続くこともあり、その導入として英訳ではあえて難しい表現を用いていると考えられる。

ℓ.07→ Frog tilted back his head and flexed the muscles of his huge throat

「『蛙』は頭を後方に傾け、大きな喉の筋肉を収縮させた」。動詞 flex はこの場合「(筋肉を) 収縮させる」の意味。もともとは「(手足などを) 曲げる」の意味。名詞 muscle は「筋肉」。throat は「喉」。原文は「かえるくんは天井を向いて、喉《のど》を大きく動かした」(5 行目) とある。英訳は「蛙」の動作を説明するのに「頭」、「喉」、「筋肉」など体の部位を特に明記することでその様子が細かく描写されている。一方、原文は「天井」という言葉や、「喉を大きく」という表現によって、細かい描写よりも空間や広がりをイメージさせ、今にも大きな声で鳴きだすかのような印象を与える。

ℓ.08→ ***Ribit! Ri-i-i-bit! Ribit-ribit-ribit!* [...]**

英語の蛙の鳴き方は ribit が一般的であると言える（表記は ribbit であることが多い）。原文の「かえるくん」の鳴き方が「ケロケロ」でも「ゲロゲロ」でもなく、独特な表記（5 行目）になっており、かつ現実の蛙の鳴き声を想像させるものである一方、その英訳は音としては一般的であるが、表記は幾つかのバリエーションを交えてユニークなものとなっている。

ℓ.09→ **gigantic**

「巨大な、巨人のような」。形容詞。「蛙」が体全体で鳴き声を発している様子が窺える。体の大きさに合わせて大きな鳴き声を発しているということで、huge ではなく、「巨人」を表す gigantic を用いていると考えられる。

ℓ.10→ **[...] rattled the pictures hanging on the walls**

「（～の声）は壁にかかっている数枚の絵をガタガタと鳴らした」。動詞 rattle は「～をガタガタ（カタカタ）と鳴らす、動かす、震わせる」。音を表す（擬音の）動詞である。原文は「壁にかかっている額がびりびりと震えて傾くほどだった」（7 行目）である。この原文からは、片桐のアパートにはおそらく 1 枚の絵が掛かっているとイメージされる。一方、英訳では複数の絵が壁に掛けられていることになる。また、walls と複数形であるのは四方の壁を表してもいる。おそらく「蛙」の鳴き声が部屋全体の空間に響き渡っていることを表すためであると考えられる。

ℓ.11→ **Fine**

この場合は「すばらしい、見事な」という意味ではなく、「十分な、結構な」の意味である。つまり、「もういいです」、「結構です」と相手の行為をやめさせようとしている。原文にはこの fine

にそのまま相当する表現はないが、「片桐はあわてて言った」（9行目）とあることからも、片桐が行為をやめさせようとしていることがわかる。一方、英訳では「あわてて」という表現がない。

ℓ.17→ Anyone claiming that I am not a frog would be a dirty liar

「私が蛙ではないと主張するような人は皆、卑怯な嘘つきであるだろう」。would は仮定法と考えられる。蛙でないと主張するような人がもしいたとすれば、それは嘘つきだろうということ。原文も「ぼくのことを蛙じゃないというものがいたら、そいつは汚いうそつきです」（14 行目）とある。なお、形容詞 dirty はこの場合「卑劣な、卑怯な」。名詞 liar は「嘘つき、嘘をつく人」。a dirty liar はよく使われる表現。原文は「汚いうそつき」とあるが、もともと a dirty liar という英語の言い方を意識しているのかもしれない。

ℓ.19→ I would smash such a person to bits

「そのような人を私は打ち砕いて粉々にしてしまうだろう、こっぱみじんにするだろう」。前の文と意味がつながっており、この would も引き続き仮定法である。蛙でないと主張する人がいたら、その人をこっぱみじんにしてしまうだろうということ。動詞 smash は「～を打ち壊す」。to bits は「ばらばらに、粉々に」（= to pieces）。smash ～ to bits/pieces はよく使われる表現。原文は「断固粉砕してやります」（16 行目）である。原文の「粉砕」は「論を粉砕する」という意味にもとらえられるが、英訳は「肉体を粉砕する」という意味に限定される。

ℓ.22→ you have come here to save Tokyo from destruction

英訳では 40 ページ ℓ.19 の「蛙」の発言をそのまま繰り返している。一方原文は「東京が壊滅するのを防ぎたい（とおっしゃいましたね?）」（18 行目）である。なお、以前の「かえるくん」の発言は「ここにやってきたのは、東京を壊滅から救うため」（41 ページ、18 行目）であり、表現がわずかに異なっている。

ℓ.24→ That is what I said

直訳すれば「それが私の言ったことである」、つまり「その通りだ」ということ。片桐の確認を求める言葉に対して、シンプルにYes, I did. と答えることも可能であるが、「蛙」は引き続き堅い表現を用いている。原文も「申し上げました」(20 行目)と、かしこまった言い方である。

ℓ.25→ What kind of destruction?

原文は「それはいったいどんな種類の壊滅なのですか?」(21 行目)。かえるくんが改まった物言いをするのに対して、片桐の言葉遣いはごく自然であると言えるが、それでも多少丁寧な言葉遣いでもある。一方、What kind of destruction? という英語の表現はごく自然な会話のテンポではあるが、単刀直入でもある。英訳においては、特に「蛙」のせりふに工夫が凝らされ、格式ばった表現などが多用されている。一方英訳の「片桐」のせりふについては、日本語の敬語表現を厳密に反映しているとは言えないが、会話としてごく普通の表現となっている。日本語における丁寧語などの日常的な敬語表現を、そのまま訳すことは難しいと言えるだろう。

ℓ.26→ “Earthquake,”

「地震」という単語の後にピリオドではなくコンマが用いられているのは、これが一文の途中であることを示している。英語では「〜が(そう)言った」という意味を表す 〜 said という表現を、その一文の途中にも挿入することができる。発言された言葉は引用符で一度閉じられるものの、コンマを用いることで文がまだ続いていることを示す。66 ページの ℓ.6 の片桐の発言や、ℓ.8 の「蛙」の発言でも同じようにコンマが用いられている。この文では、一度間を置いて片桐の反応を待っている様子がうかがえる。なお、earthquake に冠詞がついていないが、earthquake という名詞そのものは可算名詞である。まずは「壊滅」の内容を名指す意味で「地震」という言葉を抽象的に用いているが、その後で具体的にどのような地震であるかを示す際は、a very big earthquake と冠詞が用いられている。

#7

Big Earthquake

Mouth dropping open, Katagiri looked at Frog. And Frog, saying nothing, looked at Katagiri. They went on staring at each other like this for some time. Next it was Frog's turn to open his mouth.

"A very, very big earthquake. It is set to strike Tokyo at eight-thirty a.m. on February 18. Three days from now. A much bigger earthquake than the one that struck Kobe last month. The number of dead from such a quake would probably exceed a hundred and fifty thousand—mostly from accidents involving the commuter system: derailments, falling vehicles, crashes, the collapse of elevated expressways and rail lines, the crushing of subways, the explosion of tanker trucks. Buildings will be transformed into piles of rubble, their inhabitants crushed to death. Fires everywhere, the road system in a state of collapse, ambulances and fire trucks useless, people just lying there, dying. A hundred and fifty thousand of them! Pure hell. People will be made to realize what a fragile condition the intensive collectivity known as 'city' really is." Frog said this with a gentle shake of the head. "The epicenter will be close to the Shinjuku ward office."

大地震

片桐は口を開けてかえるくんを見ていた。かえるくんもしばらく何も言わずに片桐の顔を見ていた。ふたりは互いを見つめあっていた。それからかえるくんが口を開いた。

「とてもとても大きな地震です。地震は2月18日の朝の8時半頃に東京を襲うことになっています。つまり3日後ですね。それは先月の神戸の大地震よりも更に大きなものになるでしょう。その地震による死者はおおよそ15万人と想定されます。多くはラッシュアワー時の交通機関の脱線転覆衝突事故によるものです。高速道路の崩壊、地下鉄の崩落、高架電車の転落、タンクローリーの爆発。ビルが瓦礫《がれき》の山になり、人々を押しつぶします。いたるところに火の手があがります。道路機能は壊滅状態になり、救急車も消防車も無用の長物と化します。人々はただ空《むな》しく死んでいくだけです。死者15万人ですよ。まさに地獄です。都市という集約的状況がどれほど脆《もろ》い存在であるか、人々はあらためて認識することでしょう」、かえるくんはそう言って軽く首を振った。「震源地は新宿区役所のすぐ近く、いわゆる直下型の地震ですね」

Translation Notes #7

ℓ.01→ Mouth dropping open

「口をあんぐり開けて（片桐は『蛙』を見た）」。文法的には独立分詞構文として説明される形であるが、意味を理解するには文頭の With（「～を持って、～の状態で」）が省略されている（= With his mouth dropping open）と考えるとよいであろう。いわゆる付帯状況のような役割を持つが、この句全体でこの文の主語（片桐）の様子を説明している。また、動詞 drop は「（物が）落ちる」の意味のほか、自動詞で「（体が）ばたりと倒れる、ガクッと力が抜ける」、あるいは「（顎などが）がくりと落ちる」などの意味にもなる。この場合は「口がガクッと開いた」、「顎ががくりと落ちた」という状況を表す。原文はただ「口を開けて」（1 行目）とある。英訳では明らかな驚きを表すために drop という動詞を用いたと考えられる。

ℓ.02→ saying nothing

「何も言わずに（『蛙』は片桐を見た）」。分詞構文。直後の looked at に係っている。なお、原文には「しばらく何も言わずに（片桐の顔を見ていた）」（2 行目）とあるが、「しばらく」という意味の表現は、英訳ではその後の文で用いられていることに注意。おそらく、ここでは Katagiri looked at Frog / Frog looked at Katagiri（ℓ.1～3）という対照的な表現を生かすために、副詞（句）を用いることを避けたのであろう。

ℓ.05→ it was Frog’s turn to open his mouth

「（今度は）口を開けるのは『蛙』の番だった、『蛙』が口を開ける番だった」。open one’s mouth は、日本語の「口を開く」と同じように、文字通り「口を開ける」と「話し始める」の両方の意味で用いられる。この場合英訳では 2 つの意味をかけているともとらえられ、『蛙』が再び「話し始める」ことを表すと同時に、片桐が口を開けっぱなしにしている様子も受けて、半ば冗談っぽく、多少アイロニカルな語り口となっていると言えるかもしれない。原文ではただ「（それから）かえるくんが口を開いた」（3行目）とある。

ℓ.07→ at eight-thirty a.m.

「午前8時半に」。原文は「朝の8時半頃に」（5行目）とある。日本語では「頃」と付け加えるのが心情的にもしっくりすると言えるが、英語はより断定的な表現を好むと言えるであろう。

ℓ.08→ A much bigger earthquake than the one that struck Kobe last month

「先月に神戸を襲った地震よりもずっと大きな地震である」。原文は「それは先月の神戸の大地震よりも更に大きなものになるでしょう」（7行目）。英訳においては、原文のように一つの成立した文ではなく、名詞句で表されている。実のところ、この文を含む段落では、その冒頭からこのような名詞句・名詞表現が並んでいる。

ℓ.09→ The number of dead from such a quake would probably exceed a hundred and fifty thousand

「そのような（大きな）地震による死者の数はおそらく15万人を超えるであろう」。 would はこの場合仮定法として理解できる。「そんな大地震があったとしたら、その死者数は～を超えるだろう」という意味合い。動詞 exceed は「～を超える、超過する」。原文は「その地震による死者はおおよそ15万人と想定されます」（8行目）とある。原文には「おおよそ15万人」とあるが、英訳では「15万人を超える」という表現になっており、いかに想定される死者数が多いかというニュアンスがある。

ℓ.12→ mostly from accidents involving the commuter system

直訳すれば「（その死者数は）大部分（〜などの）通勤輸送機関に関係する事故による（であろう）」、つまり「その多くが交通機関にかかわる事故による死者であろう」。the commuter system は直訳すれば「通勤輸送機関」。commuter はもともと「通勤者」の意味であるが、この場合は「通勤時に関する、通勤輸送の」という意味合いで用いられている。原文はこの部分、「ラッシュアワー時の交通機関」（9 行目）とある。満員電車が日本的な風景であることはよく知られているが、英訳はその状況を特に説明するのではなく、commuter という単語を用いることで「通勤時間帯」の事故であることを示唆している。また、system の後にコロン（:）があるので、その後は事故の具体例が挙がることになる。列挙された名詞は、複数の事故を表すので基本的に複数形となる。

ℓ.13→ derailments

「脱線」。derail は動詞で「脱線させる」。rail（「レール」）についた接頭辞の de- は「〜から外れた」の意味である。原文の「脱線転覆衝突事故」（10 行目）の「脱線」に相当する。

ℓ.13→ falling vehicles

直訳すれば「転倒する車」、つまり「車両の転覆」。名詞 vehicle は自動車や列車などの乗物全般を指す言葉。原文の「脱線転覆衝突事故」（10 行目）の「転覆」に相当する。

ℓ.13→ crashes

「（車両の）衝突」。名詞 crash はもともと「ガシャン」、「ドシン」など大きな音を表す名詞である。文脈によって様々な意味になるが、車の衝突事故を表す意味で用いられることが多い。原文の「脱線転覆衝突事故」（10 行目）の「衝突」に相当する。

ℓ.14→ elevated expressways and rail lines

「高架高速道路と高架鉄道線」。形容詞 elevated は「高く上げられた、高く持ち上げられた」の意味であるが、このように「高架の」という意味でも用いられる。原文ではただ「高速道路（の崩壊）」（10 行目）とあるが、いわゆる首都高のイメージを具体的に表すために用いられている。また、原文では別の項目としてある「高架電車の転落」（11 行目）を、この「高速道路」とセットにして表している。そのため、原文は「高架電車」と乗物を表しているが、英訳は「高速道路」に合わせて「鉄道線」となっている。

ℓ.15→ crushing

「粉砕、圧壊、大破」。動詞 crush はもともと「～を押し潰す、粉砕する」の意味であるが、 collapse と同じような「崩壊、倒壊」の意味として用いられている。原文は「（地下鉄の）崩落」（11 行目）。

ℓ.16→ tanker trucks

「タンクローリー」。なお、「ローリー」はイギリス英語で「トラック」を意味する単語 lorry のことである。

ℓ.16→ Buildings will be transformed into piles of rubble

「（数々の）建物は瓦礫の山と化すであろう」。動詞 transform は「～を変化させる、変形させる、変貌させる」。transform A into B で「A を B に変える、変形させる」。この場合は受け身の形である。piles of rubble は「瓦礫の山」。名詞 pile は「積み重ねたもの」を表すが、a pile of ～、または piles of ～ で、それが大量であることを示す。日本語の「～の山」と同じ意味合いである。名詞 rubble はこの場合「瓦礫」の意味。原文は「ビルが瓦《が》礫《れき》の山になり」（12 行目）である。

ℓ.17→ their inhabitants crushed to death

= their inhabitants will be crushed to death「それら（その建物）の住人たちは圧死することになるであろう」。前の表現と対句のように並んでいるので、 will be が省略されていると考える。名詞 inhabitant は「住人、住民」。 be crushed to death は文字通りに訳せば「押し潰されて死に至る」ということで、「圧死する」という意味の決まった表現。このように to death を用いた表現は幾つかあり、例えば be frozen to death は「凍死する」、be starved to death は「餓死する」の意味になる。原文は「人々を押しつぶします」(12 行目)とある。

ℓ.20→ people just lying there, dying

= people will be just lying there, dying　直訳すれば「人々は死にそうになりながらただそこに横たわるだけであろう」、つまり「人々は皆ただ倒れて死んでいくことになるであろう」ということ。前と同じく will be が省略されていると考える。dying は分詞構文であり、その前の述語動詞(will be lying)で表される状態を説明する。分詞の形の dying は「死にそうな、瀕死である」を意味するので、文字通りには「死にかけながら倒れている」ということになるが、文脈を考えると people lie there and die と行為が順番に表されているということでもあり、「倒れたまま死んでいく」ということになる。原文は「人々はただ空《むな》しく死んでいくだけです」(14 行目)とある。原文の「空しく死」ぬという表現を「為すすべもなく死ぬ」といった意味にとらえ、また、大地震下での殺伐とした内容が淡々と述べられている原文の雰囲気を表すために、英訳もあえて極めてシンプルに表現されていると考えられる。

ℓ.25→ The epicenter will be close to [...]

「震源地は〜に近いでしょう」。名詞 epicenter は「震源地」。be close to 〜は「〜に近い」。原文は「震源地は〜のすぐ近く、いわゆる直下型の地震ですね」(18 行目) とある。原文の「いわゆる直下型の地震ですね」という表現は、英訳では省略されている。「いわゆる」とあるように、日本語では「直下型の地震」という表現がフレーズのようにして一般的に用いられるが、英語では説明的に表されることになる。例えば、数行後にそれに相当する文があると言える(また、epicenter という単語は、center という単語からイメージできるように震源の中心を意味し、それが新宿区役所に近いということは震源が真下にあるという状況が容易にイメージされる。英訳のこの一文だけでも、十分に恐ろしい状況であることが理解されると言える。

#8 Worm

“Close to the Shinjuku ward office?”

“To be precise, it will hit directly beneath the Shinjuku branch of the Tokyo Security Trust Bank.”

A heavy silence followed.

“And you,” Katagiri said, “are planning to stop this earthquake?”

“Exactly,” Frog said, nodding. “That is exactly what I propose to do. You and I will go underground beneath the Shinjuku branch of the Tokyo Security Trust Bank to do mortal combat with Worm.”

みみずくん

「新宿区役所の近く？」

「正確に申し上げますと、東京安全信用金庫新宿支店の真下ということになります」

重い沈黙が続いた。

「それで、つまり」と片桐は言った。「あなたがその地震を阻止しようと？」

「そういうことです」とかえるくんはうなずいて言った。「そのとおりです。ぼくが片桐さんと一緒に東京安全信用金庫新宿支店の地下に降りて、そこでみみずくんを相手に闘うのです」

ℓ.05→ A heavy silence followed

「重い沈黙が続いた」。heavy はこの場合「重々しい、重苦しい」の意味。heavy silence という表現はよく使われる。

ℓ.08→ That is exactly what I propose to do

直訳すれば「それがまさに私がそうしようと提案することだ、それがまさに私がそうしようと計画していることだ」、つまり「それこそ私が(行おうと)考えていることだ」ということ。この exactly は直前のものとは異なり、通常の副詞の使い方で、「正確に、きっかり、まさに」の意味。動詞 propose は「提案する、申し出る」の意味。「(片桐に)提案しようと思っていること」ととらえられる。また、「propose + to 不定詞」は「～しようと企てる、～するつもりである」という意味でもよく用いられ、この文脈では what I plan to do と同義と考えることもできる。これは、原文の「そういうことです」(7 行目)に相当する英訳であると考えられる。

英訳ではここで一工夫がある。原文では、片桐の「あなたがその地震を阻止しようと?」(5 行目) という質問に対し、かえるくんは一度「そういうことです」と返答してから、再び「そのとおりです」(8 行目) と同じ意味の表現を繰り返している。それを英訳においては、片桐の返事に対してまずは Exactly「その通り」と返答し、それから「私が考えていることはまさにそういうことだ」と述べてから、具体的にその計画を述べる、というようにごく自然な流れを作り出している。

ℓ.09→ You and I will [...]

「私とあなたは～することになる」。will は未来というよりは意志を表し、この場合は「～することになる」という強い指示を表す。原文は「ぼくが片桐さんと一緒に(～闘う)のです」(8 行目)とある。これを直訳して I will go with you and combat [...] とすると、「私があなたについていく」という意味にもとられかねない。むしろ You and I の表現で一体感が出る。なお、英語では I and you という語順にはならない。

ℓ.11→ mortal combat

「死闘」。形容詞 mortal はこの場合「死の、生き死ににかかわる」といった意味。原文では単に「(みみずくんを相手に)闘う」(9 行目)とあり、「死闘」という表現を用いていない。英訳では、物語の全体的な内容を踏まえたうえで「死闘」としているとも考えられるが、まず闘う相手がミミズのような虫であるということを考慮し、「死闘」という表現を用いることによって、その相手が怪物のような強大な存在であるということを具体的にイメージさせるためであるかもしれない。ちなみに、アメリカでは 90 年代から Mortal Kombat という名のゲームが大変な人気であり、そのことも意識されているかもしれない。格闘ゲームとして戦闘的かつ非常に暴力的でもある。

ℓ.12→ Worm

原文は「みみずくん」(9 行目)。「かえるくん」(Frog)と同様、「みみずくん」も Worm と大文字にすることで、固有名詞のような役割を持つことになり、例えばそれが名前であったり、寓意的な存在であることが理解できると言える。また、 worm という単語は、ミミズ以外に毛虫や芋虫など足がなくて細長い虫(いわゆる蠕虫《ぜんちゅう》)のことを総称的に指す言葉である。また、蛆虫などの非常に小さな虫、あるいは人間に害を及ぼす寄生虫のイメージもある。比喩的に「虫けらのような人間、悪者」という意味にもなる。そのために、日本語の「みみずくん」より、さらにネガティヴな印象が強いと言えるかもしれない。 Worm と大文字になることで寓意的な意味合いを帯び、さらに「地下で死闘を繰り広げる」という文脈から、何か大きな虫の怪物と闘うというイメージも伴うと考えられる。

#9

Katagiri

As a member of the Trust Bank Lending Division, Katagiri had fought his way through many a battle. He had weathered sixteen years of daily combat since the day he graduated from the university and joined the bank's staff. He was, in a word, a collection officer – a post that carried little popularity. Everyone in his division preferred to make loans, especially at the time of the bubble. They had so much money in those days that almost any likely piece of collateral – be it land or stock – was enough to convince loan officers to give away whatever they were asked for, the bigger the loan the better their reputations in the company. Some loans, though, never made it back to the bank: they got "stuck to the bottom of the pan". It was Katagiri's job to take care of those. And when the bubble burst, the work piled on. First stock prices fell, and then land values, and collateral lost all significance. "Get out there," his boss commanded him, "and squeeze whatever you can out of them."

片桐

片桐は信用金庫融資管理課の職員として、これまで様々な修羅場をくぐり抜けてきた。大学を出て東京安全信用金庫に就職し、それ以来16年間ずっと融資管理課の業務についてきた。要するに返済金の取りたて係だ。決して人気のある部署ではない。誰もが貸付の仕事をしたがる。とくにバブル時代はそうだった。金がだぶついている時代だったから、担保になりそうな土地や証券があれば、融資担当者はほとんど言われたままいくらでも金を貸した。それが業績になった。しかし貸金が焦《こ》げ付くこともあり、そんな場合に処理に出向くのが片桐たちの仕事だった。とくにバブルがはじけてからは、仕事は急激に増えていった。まず株価が下がり、それから土地の値段が下がった。そうなると担保が本来の意味をなさなくなる。「少しでもいいから現金をもぎとってこい」というのが上からの至上命令だった。

ℓ.02→ Katagiri had fought his way through many a battle

直訳すれば「片桐はこれまで多くの闘いを通して自分の道を切り開いてきた」、つまり「片桐はこれまで数々の闘いを経ながら(一員として)やってきた」。過去完了の形(had fought)に注意。片桐が「蛙」に遭遇する以前のことに話がさかのぼるため、過去完了形が用いられている。片桐と「かえるくん」の出会いは、英訳ではその冒頭から過去形で語られているので、この過去形で表される時点が基準となる。また、この場合、「片桐はずっと闘いながらやってきた」という継続の意味に理解できる。fight one's way は成句で「(苦難などと)闘いながら進路を切り開く」という意味。「many a+ 単数名詞」=「many+ 複数名詞」。ただし、「many a +単数名詞」を用いると文語的な表現になる。また、数量を表すというより「幾多の・数々の」というニュアンスで個々の事物を焦点とした言い方になる。ここでは battle が比喩的な意味を持っているので、多少詩的な表現を用いたと考えられる。

語りの観点からすると、実はこの文から場面が切り替わっており(この文の前に1行の空白がある)、会話の場面から物語の語りへの転換がある。語り(narration)を意識して、あえて文語的な表現が用いられたとも考えられるであろう。これまでは単文や重文などを組み合わせたシンプルな文章であったが、以降は多少複雑になり、文体が変わってくると言える。

battle は「戦い、戦闘、会戦」の意味であるが、以前に出てきた combat「戦闘」と比べるとより一般的な単語であり、日本語の「戦い」のように抽象的に(あるいは比喩的に)用いることができる単語である。この部分の原文は「片桐は〜これまで様々な修羅場をくぐり抜けてきた」(1行目)である。「くぐり抜ける」という感じは前置詞の through などに表れている。「修羅場」は battle や動詞の fight などで表されていると言えるが、英訳は多少抽象的でもあり、日本語の「修羅場」からイメージされる泥臭さや血なまぐささはそれほど連想されないかもしれない。そのためか、実は次の文において、原文にはない文（He had weathered [...] daily combat 「日々の闘いを乗り切ってきた」）が導入されており、現実の「闘い」、あるいは個人的な「闘い」がイメージされる combat が用いられている。

ℓ.11→ be it land or stock

「それが土地であろうと証券であろうと」。it = the piece of collateral。つまり、前の部分とつなげて、「担保になりそうなものは、それが土地であろうと証券であろうと、ほとんど何でも〜」となる。「be it 〜 or ...」=「whether it is 〜 or ...」。譲歩を表し、「〜であろうと…であろうと」という意味。決まった表現であり、be を用いるのは文語的である。stock は「蓄え」の意味のほか、もちろんこのように「公債、株券」などの意味がある。

ℓ.12→ convince loan officers to give away whatever they were asked for

直訳すれば「求められたものは何でも譲ってもらうよう貸付係を説得する」、つまり「貸付係を説得して、頼まれたら何でもお金を出してもらう（気にさせる）」ということ。原文の「融資担当者は〜言われたままいくらでも金を貸した」（8 行目）に相当する部分である。原文は「融資担当者」が主語であるが、英訳では、この部分を含む文全体が they という一般の人々を表す代名詞で始まっているため、この部分でも流れとしては「人々が融資担当者に〜させる」という構文をとるほうが自然であり、convince を用いた構文になっている。

ℓ.13→ the bigger the loan the better their reputations in the company

「貸付額が大きければ大きいほど、会社での彼ら（貸付係）

の評判は良くなった」。この表現は、the loan が直前の whatever they were asked for を受けている。頼まれた分はいくらでもというお金について、その貸付の金額（= the loan）が大きければ大きいほど評判が良くなったということで、つまりこの表現は whatever they were asked for を説明する一種の同格のような役割を担っていると言える。しかし、意味を理解するには、この部分を 1 つの文（= The bigger the loan was, the better their reputations were in the company.）とみなし、前の部分とそれぞれ独立した文として考えるほうがわかりやすいであろう。

この部分に相当する原文は、「それが業績になった」（9 行目）である。原文のシンプルな言い方に比べると、英訳は説明的である。頼まれるがままいくらでもお金を貸し出すということが、即「業績」につながるとは理解しにくいということであるかもしれない。また、「業績」とは一般に「成し遂げた仕事・研究やそれらの成果」を表すが、その中でも特に会社における「仕事の業績」を表す一単語が英語にはないとも言え、説明的な表現がわかりやすいということであるかもしれない。

ℓ.15→ Some loans [...] never made it back to the bank: they got “stuck to the bottom of the pan”

「貸付金の一部がうまく信用金庫に戻ってこないことがあった、つまりそれは『鍋の底に焦げ付いた』のである」。原文の「貸金が焦《こ》げ付くこともあり」（9 行目）に相当する英訳である。日本語の「焦げ付く」をそのまま直訳しても、英語では「貸金が回収できない」という意味にはならないので、まずは説明的な表現を導入している。その後に日本語の「焦げ付く」という表現を英訳している。make it は成句で「うまくやる、成し遂げる、成功する」の意味。make it の後に様々な副詞を持ってきて意味を添えることができる。この場合は副詞の back を添えて「うまく戻ってくる」、つまり「返済される」の意味になる。コロン（:）はこの場合、「すなわち」を表す。get stuck は決まった言い方で、文脈によって「くっつく」、「はまって動けない」、「行き詰まる」などの意味になる。この場合は鍋の底に「こびり付いた」というイメージ。なお、stuck は stick の過去分詞で、もともと「〜を貼りつける」の意味。名詞 pan は厳密には「平鍋」の意味であるが、一般的には「柄《え》や取っ手のついた鍋」全般を指す。この英訳については、例えば Some loans were never repaid. など、ごく簡単な一文だけで同じ情報を伝えることも可能であると言えるが、日本語の「焦げ付く」という表現をわざわざ英訳することで、この直後で説明される片桐の仕事がいかに大変であるかという印象を与えることができている。鍋の底にこびり付いてしまったものを剝がす作業がいかに大変で、またそのほとんどが焦げているので実質回収はできないということが、この 2 つの英文の組み合わせでイメージできると言える。

ℓ.17→ It was Katagiri’s job to take care of those

「それらの処理をするのが片桐の仕事であった」。原文は「そんな場合に処理に出向くのが片桐たちの仕事だった」(10 行目)である。原文は「片桐たちの」とあり、つまりこのような処理作業が「融資管理課」という部署全体の仕事であることが意味される。一方、英訳では、Lending Division は「貸付」と「取り立て」の両方の仕事を行っている(数行前の Everyone in his division preferred to make loans「この部署では誰もが〈取り立てより〉貸付をするほうをより好んだ」という文がある)ことが明らかなので、ここの英訳は「片桐の仕事」とするのが自然である。

ℓ.21→ his boss commanded him

「彼(片桐)の上司は彼に命令した」。boss は「上司」の意味でよく用いられる。動詞 command は「命令する」の意味であるが、非常に強い言い方である。上司が「指示を出す」という程度の意味合いではない。原文の「というのが上からの至上命令だった」(15 行目)というニュアンスを表していると言える。

#10

His Brother and Sister

The Kabukicho neighborhood of Shinjuku was a labyrinth of violence: old-time gangsters, Korean mobsters, Chinese mafia, guns and drugs, money flowing beneath the surface from one murky den to another, people vanishing every now and then like a puff of smoke. Plunging into Kabukicho to collect a bad debt, Katagiri had been surrounded more than once by mobsters threatening to kill him, but he had never been frightened. What good would it have done them to kill one man running around for the bank? They could stab him if they wanted to. They could beat him up. He was perfect for the job: no wife, no kids, both parents dead, brother and sister he had put through college married off. So what if they killed him? It wouldn't change anything for anybody — least of all for Katagiri himself.

It was not Katagiri but the thugs surrounding him who got nervous when they saw him so calm and cool. He soon earned a kind of reputation in their world as a tough guy. Now, though, the tough Katagiri was at a total loss. What the hell was this frog talking about? Worm?

弟と妹

新宿歌舞伎町《かぶきちょう》は暴力の迷宮のような場所だ。昔からのやくざもいるし、韓国系の組織暴力団もからんでいる。中国人のマフィアもいる。銃と麻薬があふれている。多額の金が表面に出ることなく、闇《やみ》から闇に流れる。人が煙のように消えてしまうことも珍しくない。片桐も返済の督促に行って、何度かやくざにまわりを囲まれ、殺してやると脅されたことがある。しかしとくに怖いとは思わなかった。信用金庫の外回りを殺して、それが何の役に立つというのだ？　刺すなら刺せばいい。撃つなら撃てばいい。彼にはうまい具合に妻も子どももいないし、両親はすでに死んでしまった。弟と妹は自分が面倒をみて大学を出して、結婚もさせた。今ここで殺されたところで、誰も困らない。というか、片桐自身、とくに困りもしない。

　でも片桐がそんな風に汗ひとつかかず平然としていると、取り囲んだやくざたちの方がむしろ居心地悪くなるようだった。おかげで片桐はその世界では、肝の据わった男としていささか名前を知られるようになった。しかし今、片桐は途方に暮れていた。どうすればいいのか、見当がつかなかった。いったいこれは何の話なんだ？　みみずくん？

Translation Notes #10

ℓ.01→ The Kabukicho neighborhood of Shinjuku was a labyrinth of violence: [...]

「新宿の歌舞伎町界隈は暴力の迷宮だった。例えば〜などがいる（起こる）」。neighborhood は「近所」の意味のほか、「界隈、地区、地域」などの意味もある。名詞 labyrinth はいわゆる「ラビリンス」のことで、「迷宮、迷路」などを表す。原文は「新宿歌《か》舞《ぶ》伎《き》町《ちょう》は暴力の迷宮のような場所だ」（1 行目）とあり、英訳は「暴力の迷宮」という表現をそのまま訳している。暴力の巣窟であると共に、入り組んだ街並も表していると言える。コロン（:）の後には、どのような意味で暴力の迷宮と言えるのか、その具体例を挙げることになる。

ℓ.03→ gangsters

「暴力団、やくざ」。gangster は「暴力団員」を指し、「暴力団」という集団を表すときは複数形になる。

ℓ.03→ mobsters

「暴力団、やくざ」。gangster と同じように、集団を表すときには複数形になる。なお、mob は gang と同じく「ギャング、暴力団」の意味であるが、より組織立った大きな犯罪集団や暴力団を表す。特に「マフィア」のイメージ。

ℓ.04→ money flowing beneath the surface from one murky den to another

直訳すれば「表面下で一つの暗い穴からもう一つの穴へと流れゆく金」、つまり「金は表面下を暗黒の巣窟から巣窟へと流れていく」。具体例を示すコロン以降は名詞が羅列されている。従って、この部分も money という名詞に修飾語句が係る形になっている（flowing という分詞で始まる句が money

を後ろから修飾している）が、「金は〜を流れる」と主語と述語の関係でとらえるほうが意味は理解しやすい。英訳では名詞（句）が並ぶのに対し、原文のこの前後は「〜もいるし、〜もからんでいる、〜もいる」、「〜があふれている、流れる、消えてしまう」など主語と述語の文が並んでいることにも注意。なお、この部分の原文は「多額の金が表面に出ることなく、闇《やみ》から闇に流れる」（4 行目）とある。beneath the surface は「表面下で」という意味の決まった言い方。beneath は前置詞。from one den to another（den）で「ある一つの穴からもう一つの穴へ」。名詞 den は「巣穴」のこと。特に暗い洞穴のイメージで、日本語の「巣窟」のように「悪の巣」という比喩的な意味で用いられることが多い。形容詞 murky は「暗い、陰気な、陰鬱《いんうつ》な」。原文は「闇から闇に（流れる）」とあるが、「闇」を表す最も一般的な単語である darkness は不可算名詞であり、この部分で用いられるとやや抽象的でもあり、ここでは a murky den という表現を用いることでより具体的なイメージを想起させているようでもある。

ℓ.06→ people vanishing every now and then like a puff of smoke

直訳すれば「一吹きの煙のように時に消えてしまう人々」、つまり「人々も時に煙のように消えてしまう」。この部分も形としては、people という名詞に修飾語句が係る形になっている（vanishing という分詞で始まる句が people を後ろから修飾している）。every now and then は「時々」という意味の成句。名詞 puff はもともと「プッと吹くこと」の意味で、その音を表している擬音語である。ここでは、煙がパッと立ち上って消える感じを表している。原文は「人が煙のように消えてしまうことも珍しくない」（5 行目）である。日本語では「煙のように消える」という表現はよく用いられるが、英語では vanish like smoke という表現はあまり聞かれず、よくあるのは vanish into thin air である。

ℓ.07→ Plunging into Kabukicho to collect a bad debt

「(片桐は)不良貸付を回収するために歌舞伎町の街に飛び込んで(やくざに囲まれたことがあった)」。分詞(plunging)で始まる句がその後の述語動詞(had been surrounded)で表される(片桐の)様子について説明を加えている。この場合は「歌舞伎町に飛び込んだときに、飛び込んだところ」という意味にとれる。動詞 plunge は「飛び込む、突入する」の意味。不定詞句は「～するために、～しに」の意味(副詞的用法)。名詞 debt は「借金」。a bad debt の bad はこの場合「不良の、焦げ付いた」という意味になる。原文の「片桐も返済の督促に行って」(6 行目)に相当する。英訳は plunge into ～という表現を用いて、悪と暴力の街に身を投げるように飛び込んでいく片桐の意志が感じられるようでもある。

ℓ.10→ but he had never been frightened

「しかし彼は怖いと思ったことは一度もなかった」。前に続き、過去完了の形(had been frightened)が続く。経験を表す。be frightened で「怖がる、怯える、ぎょっとする」の意味。原文は「しかしとくに怖いとは思わなかった」(7 行目)。日本語の「とくに」という言い回しはそのまま訳すことは難しく、「一度もなかった」という強い否定表現になっている。

ℓ.12→ one man running around for the bank

「信用金庫のために走り回っている一人の男」。分詞(running)で始まる句が one man を後ろから修飾している。原文は「信用金庫の外回り(を殺して)」(8 行目)とある。原文の「外回り」を、会社のために奔走している男と解している。

ℓ.13→ They could beat him up

直訳すれば「彼らは(そうしたければ)彼(片桐)を打ちのめしてもよい」。前文と同じ形の文である。つまり、「彼らは自分を殴ろうと思えばさんざん殴りつけることもできる」という意味合い。

beat up ～は「～をさんざん殴る、徹底的に打ちのめす、ボコボコにする」の意味。なお、原文は「撃つなら撃てばいい」（10行目）である。英訳では「撃つ」という特定の行為を表さず、「ボコボコにする」感じを表していると言える。

ℓ.14→ He was perfect for the job: [...]

「彼（片桐）はこの仕事にうってつけだった。と言うのも～だからである」。この文に相当する原文は見当たらない。ただし、「彼にはうまい具合に妻も子どももいないし～」（10行目）という文の「うまい具合に」の部分を表した訳であるとも考えられる。英語の文章ではまず要点が先に述べられるが、この場合も何がうまく行くのかが先に述べられている。つまり、片桐は仕事がうまくできる立場であるということをまず述べて、その理由を具体的にコロンの後に並べている。

ℓ.17→ So what if they killed him?

「だから彼（片桐）を殺したところでどうなるだろう」。構文「what if ＋〈（主語）＋（動詞）〉?」は「～したらどうなるだろう」、文脈によっては「～したところで構うものか」の意味にもなる。この文は自由間接話法のようにもとらえられ、「自分を殺したところでどうなるというのか」というニュアンス。原文は「今ここで殺されたところで、誰も困らない」（12行目）。

ℓ.17→ It wouldn't change anything for anybody

「そうしたところで誰にとっても何も変わらないだろう」、つまり「誰にも何の影響もない」。前文の what if they killed him? に対する答えの文であると考えることもできる。It は「やくざが片桐を殺すこと」を指している。また、would は仮定法と理解できる。原文の「誰も困らない」（13行目）という部分の訳であり、what if の構文と共に、原文とは別の表現で再度強調している。

ℓ.18→ least of all for Katagiri himself

「とりわけ片桐自身にとっても何も変わらないだろう」、つまり

「片桐だって何の影響もない」。least of all は「とりわけ〜でない」という意味。前の文を受け、it wouldn't change anything for Katagiri himself ということである。原文は「というか、片桐自身、とくに困りもしない」(13行目)。

ℓ.21→ they saw him so calm and cool

「彼(片桐)がそんなに落ち着いて冷静でいるのを彼ら(やくざ)が見た(とき)」。原文は「片桐がそんな風に汗ひとつかかず平然としている(と)」(15 行目)である。原文は「片桐」が主語であるが、この前の強調構文の文では実質上、the thugs が主語である。従って、when の節であるこの文も they (= the thugs)を主語にした文となっている。また、「汗ひとつかかず」という表現はそのまま訳さずに、calm and cool という似た意味の単語を重ねることで、片桐の平然とした様子を強調している。なお、英語ではこのように頭韻を踏むことが多い。

ℓ.22→ earned a kind of reputation [...] as a tough guy

「タフな男としての評判のようなものを得ることになった」。earn a reputation = have a reputation。原文は「肝の据わった男としていささか名前を知られるようになった」(17 行目)とあり、「いささか名前を知られる」という表現を a kind of reputation、つまり「評判のようなもの、ちょっとした評判」という言い方で表している。a tough guy = a tough man。

ℓ.24→ the tough Katagiri was at a total loss

「そのタフな男、片桐は全く途方に暮れていた」。原文ではただ「片桐は」(19 行目) とあり、「肝の据わった片桐」と繰り返してはいないが、英訳はより文脈をはっきりさせている。また、at a loss は「途方に暮れて」という意味の決まった言い方。強調するときはこのように at a total loss、あるいは quite at a loss などの言い方になる。英訳で強調しているのは、原文で「片桐は途方に暮れていた。どうすればいいのか、見当がつかなかった」(19 行目)と同じ意味の文を繰り返しているためと考えられる。

ℓ.25→ What the hell was this frog talking about?

「いったいこの蛙は何をしゃべっているんだ」。この文は片桐の心の中の言葉(=What the hell is this frog talking about?)を再現しているようで、自由間接話法と考えられる。What the hell is ～？という口語表現の形をとりながらも、全体は過去形の文であり引用符もないので自由間接話法と言える。the hell はこの文のように、文の途中に挿入して、「一体何だ」という感じを表す。会話ではよく用いられるが、上品な表現とは言えない。原文は「いったいこれは何の話なんだ?」(20 行目)である。なお、この原文をそのまま訳して What was this all about? などのような言い方もできるであろうが、英訳は this frog を主語にして、「この蛙ごときがいったい何を話しているんだ」として、片桐の「蛙」へのいら立ちがうかがえる表現となっている。Frog と大文字になっていないことから、「かえるくん」ではなく、「蛙ごとき」という感じである。

#11

Long, Long Naps

"Who is Worm?" he asked with some hesitation.

"Worm lives underground. He is a gigantic worm. When he gets angry, he causes earthquakes," Frog said. "And right now he is very, very angry."

"What is he angry *about*?" Katagiri asked.

"I have no idea," Frog said. "Nobody knows what Worm is thinking inside that murky head of his. Few have ever seen him. He is usually asleep. That's what he really likes to do: take long, long naps. He goes on sleeping for years – decades – in the warmth and darkness underground. His eyes, as you might imagine, have atrophied, his brain has turned to jelly as he sleeps. If you ask me, I'd guess he probably isn't thinking anything at all, just lying there and feeling every little rumble and reverberation that comes his way, absorbing them into his body, and storing them up. And then, through some kind of chemical process, he replaces most of them with rage. Why this happens I have no idea. I could never explain it."

Frog fell silent, watching Katagiri and waiting until his words had sunk in. Then he went on:

長い長い眠り

「みみずくんとはいったい誰のことですか？」と片桐はおずおずと尋ねた。

「みみずくんは地底に住んでいます。巨大なみみずです。腹を立てると地震を起こします」とかえるくんは言った。「そして今みみずくんはひどく腹を立てています」

「みみずくんは何に対して腹を立てているんですか？」

「わかりません」とかえるくんは言った。「みみずくんがその暗い頭の中で何を考えているのか、それは誰にもわからないのです。みみずくんの姿を見たものさえ、ほとんどいません。彼は普段はいつも長い眠りを貪《むさぼ》っています。地底の闇と温《ぬく》もりの中で、何年も何十年もぶっつづけで眠りこけています。当然のことながら目は退化しています。脳味噌《のうみそ》は眠りの中でねとねとに溶けて、なにかべつのものになってしまっています。実際の話、彼はなにも考えていないのだと僕は推測します。彼はただ、遠くからやってくる響きやふるえを身体に感じとり、ひとつひとつ吸収し、蓄積しているだけなのだと思います。そしてそれらの多くは何かしらの化学作用によって、憎しみというかたちに置き換えられます。どうしてそうなるのかはわかりません。ぼくには説明のつけられないことです」

かえるくんはしばらく片桐の顔を見て、黙っていた。言ったことが片桐の頭にしみこんで収まるのを待った。それから話を続けた。

Translation Notes #11

ℓ.01→ **with some hesitation**

「少しためらいがちに」。名詞 hesitation は「ためらい」。この場合 some は「いくらかの、多少の」という意味。原文は「おずおずと」(2 行目)。少し怯《おび》えた感じを英語で表すには、例えば timidly という副詞も考えられるが、英訳における片桐は 76 ページで tough guy (ℓ.23) と表され、また What the hell was this frog talking about? といった言い方などもしているので、「ためらいがちに」と表すほうが自然だろう。

ℓ.04→ **He is a gigantic worm**

「彼は巨大なみみずです」。Worm を he で受けているので、英訳では「男性」であることがここで明示される。gigantic という形容詞は、52 ページで「蛙」(かえるくん) の鳴き声を表す (ℓ.9) 際にも用いられている。

ℓ.04→ **he causes earthquakes**

「彼は地震を引き起こす」。動詞 cause は「〜の原因となる、〜を引き起こす」。cause は基本的には因果関係を示す言葉であり、通常は物や事柄を主語にし、人や人称代名詞が主語に来ることはあまりない。しかし、この場合は「みみず」が地震を起こすという非現実的な事態を表すため、動作動詞よりもむしろ cause が自然だろう。原文は「(腹を立てると) 地震を起こします」(4 行目)。

ℓ.09→ **what Worm is thinking inside that murky head of his**

「『みみず』があの暗い頭の中で何を考えているのか (誰もわからない)」。Nobody knows の目的語の部分であり、いわゆる間接疑問文である。原文の「その暗い頭の中で何を考えているのか」(8 行目) という言葉遣いが文字通り訳されているが、「暗い」という形容詞には murky が用いられている。murky は「暗い、陰気な」という意味と共に、「(暗くて)あいまいな、謎めいた、もやもやした」という意味もある。以前に歌舞伎町の様子を表す際にもこの単語が用いられている(76 ページ、ℓ.5)。

ℓ.10→ He is usually asleep

「彼はたいてい眠っている」。asleep はこの場合形容詞で、「眠っている」の意味。いくつかの名詞は接頭辞の a- をつけることで、「〜している」という状態を表すことができる。この場合は、原文に「彼は普段はいつも長い眠りを貪《むさぼ》っています」(10 行目)とあり、asleep を用いることで原文の「長い眠り」を表していると考えられる。

ℓ.11→ That's what he really likes to do: take long, long naps

直訳すると「それが彼が本当にするのが好きなことである、つまり長い、長い昼寝をすることが」。言い換えれば、「彼はそうすることが本当に好きで、いつも長い間寝ている」。この文に相当する原文は一見見当たらないが、「いつも長い眠りを貪《むさぼ》っています」(10 行目)という文の「貪る」という内容を表すために加えられた文であるとも考えられる。「貪る」を「欲しがる」、あるいは「享受する」といった意味で解し、「そうするのが好き、そうしたがる」という意味の文が加えられていると考えられる。また、「そうするのが好き、そうしたがる」という表現は本人の意志や好みを表すため、take long naps という説明も加えられているようである。つまり、誰かによって眠りにつかされたものではなく、好んでする「長い昼寝、長いうたた寝」であるということ。なお、nap は「うたた寝、居眠り」の意味で、「昼寝、午睡」とは限らない。take a nap で「うたた寝をする」。また、naps と複数形になっているのは、後の展開からわかるように「長い眠り」といっても「永久の眠り」ではなく、たまには起きることもあるので、その意味で論理的に複数形になる。英語では、可算名詞の場合、常に単数か複数かの選択を迫られる。

ℓ.12→ He goes on sleeping for years

「彼は何年間も眠り続けている」。go on + ～ ing で「～し続ける、～することを続ける」。原文は「何年も～ぶっつづけで眠りこけています」(11 行目)。「ぶっつづけで眠りこける」と強調された言い方であるが、英訳ではこの前に、asleep、take long, long naps と何度も強調されているので、ここではシンプルな言い方になっていると考えられる。

ℓ.13→ the warmth and darkness underground

「地下の温かさと暗さ」。原文の「闇と温《ぬく》もり」(11 行目)と反対の語順になっている。英語では、例えば 2 つ以上の形容詞が名詞を修飾するときなど、色彩(この場合 dark)を表す単語は後ろのほうに来るという傾向がある。なお、この underground は形容詞。

ℓ.14→ as you might imagine

直訳すると「あなたが想像しているかもしれないように」であるが、意味合いとしては「もうおわかりでしょうが、お察しのように」というニュアンスである。imagine は「想像する」の意味であるが、この場合は「空想する」というよりは「目の前に思い描く、思い浮かべる」という意味合いである。原文には「当然のことながら」(12 行目)とある。原文のニュアンスとしては、みみずくんはずっと眠り続けている上に、そもそもみみずであるのだから当然であるという感じであるが、英訳では視覚的なイメージを想起させる表現になっている。

ℓ.15→ his brain has turned to jelly [...]

「彼の脳はゼリー(のようなもの)になってしまっている」。His eyes [...] have atrophied という文と対句のように並んでいる。現在完了形の意味も同じである。turn to ～は「～に変わる、～に転ずる、～になる」。原文は「脳《のう》味《み》噌《そ》は～ねとねとに溶けて、なにかべつのものになってしまっています」(13 行目)である。英訳では「ねとねとに溶けているもの」を jelly とし、「なにかべつのものになってしまっている」というのは、その jelly と動詞の turn を組み合わせて使い、脳からゼリーという異なる物質に転化したということでその意味が伝えられている。英語の jelly には「ねとねとした、どろどろとした」というイメージもあるため、このように brain という言葉と共に用いられると、いわゆる「脳味噌」の感じを表すことができる。また、次の文の「彼は何も考えていない」という文意に沿って、jelly により、脳が腑抜けた、頭が空っぽであるというイメージを表すこともできると言えるだろう。ただし、原文の「なにかべつのもの」という表現には、何だか得体のしれないもの、名づけえないものという意味合いもあるが、英訳にはその表現がないと言える。

ℓ.16→ If you ask me

「私が考えるには、言わせてもらえば」。決まった言い方。in my opinion と同じ意味であるが、if you ask me は文章では用いられない。原文は「実際の話」(14 行目)となっている。「実際の話」という言い方は、「実のところ、実は」の意味であるが、ニュアンスとしては「正直に言うと」、「思ったことを言わせてもらえれば」ともとれる。

ℓ.17→ lying there and feeling every little rumble and reverberation that comes his way

「その場に横たわり、彼に届くどんなかすかな振動や反響をも感じ(ている)」。名詞 rumble はもともと「ゴロゴロ、ガラガラと鳴る音」を意味し、雷の音や車輪が回る音から、地鳴りの音やお腹の鳴る音なども表す。ここでは「みみず」が地面から響く音を感じているということである。もう 1 つの名詞 reverberation は「反響」の意味。頭韻を踏んでいることに注意。原文は「遠くからやってくる響きやふるえを身体に感じとり」(16 行目)である。原文の「身体に」感じとるということを表すために、英訳では「その場に横たわって～を感じる」という表現になっている。また、原文の「遠くから」伝わる「響きやふるえ」を表すのに、rumble and reverberation だけでは「ふるえ」よりも「音響」の意味合いが強くなってしまうので、これに every little という形容詞句を添えることで「ちょっとしたかすかな振動や音」も逃さないという感覚を表すことができる。

ℓ.19→ absorbing them into his body

「それらを自分の身体に吸収し(ている)」。動詞 absorb は「〜を吸収する」。them = every little rumble and reverberation。原文は「ひとつひとつ吸収し」(16 行目)。

ℓ.21→ he replaces most of them with rage

「彼はそれら(その振動や反響)のほとんどを怒りに置き換える」。「replace A with B」で「A を B に取って代える、置き換える」である。名詞 rage は「激怒、怒り」の意味。原文は「それらの多くは〜、憎しみというかたちに置き換えられます」(18 行目)。原文の「置き換える」はそのまま replace であるが、「憎しみというかたち」は rage と訳されている。「憎しみ」と「怒り」は意味が近接した言葉であると言えるが、ここで「怒り」となっているのは、もともと「みみず」が very angry の状態であるということが前に説明されているので、「怒り」とするのがごく自然であるということであろう。また、原文では「ふるえ」(16 行目)が吸収・蓄積されて「憎しみ」となるのに対し、英語の rumble には「不平不満が広がること」や「暴動」の意味もあり、その音の感覚からしても、その吸収と蓄積の結果は「憎しみ」よりは「怒り」のほうが自然であると言えるかもしれない。rage はとても強い言葉であり、蓄積されたものがたまりにたまって激情となる感じも出ていると言える。

ℓ.24→ watching Katagiri and waiting until his words had sunk in

「(『蛙』は黙り込み)片桐を見て、自分の言葉が理解されるまで待っていた」。この前の fell silent という様子について、補足的な説明を加える分詞構文。「〜しながら黙り込んだ」、「黙り込んで〜していた」などの意味にとらえられる。接続詞 until

は「～するまで」。his = Frog's。sink inは「(考えや教訓が)人に理解される、心にしみ込む」という意味の成句。原文ではこの部分、「(言ったことが)片桐の頭にしみこんで収まる」(23行目)とある。「しみこんで収まる」という独特な表現を、英訳では「沈む」という意味のsinkを使ってうまく表している。なお、過去完了(had sunk in)の形になっているのは、この場合、「彼の言葉がすっかり理解されるまで」と完了の意味を強調するためであると考えられる。原文の「しみこんで収まる」という「しみきった」感じを出すためであるかもしれない。ちなみに、untilを用いた文では基本的に出来事の前後関係が明らかなので、主節もuntilの節もいずれも過去形で表されるのが一般的である。

#12

He is Dangerous

"Please don't misunderstand me, though. I feel no personal animosity toward Worm. I don't see him as the embodiment of evil. Not that I would want to be his friend, either: I just think that, as far as the world is concerned, it is in a sense *all right* for a being like him to exist. The world is like a great big overcoat, and it needs pockets of various shapes and sizes. But right at the moment Worm has reached the point where he is too dangerous to ignore. With all the different kinds of hatred he has absorbed and stored inside himself over the years, his heart and body have swollen to gargantuan proportions — bigger than ever before. And to make matters worse, last month's Kobe earthquake shook him out of the deep sleep he was enjoying. He experienced a revelation inspired by his profound rage: it was time now for him, too, to cause a massive earthquake, and he'd do it here, in Tokyo. I know what I'm talking about, Mr. Katagiri: I have received reliable information on the timing and scale of the earthquake from some of my best bug friends."

危険な存在

「誤解されると困るのですが、ぼくはみみずくんに対して個人的な反感や敵対心を持っているわけではありません。また彼のことを悪の権化《ごんげ》だとみなしているわけでもありません。友だちになろうとか、そういうことまでは思いませんが、みみずくんのような存在も、ある意味では、世界にとってあってかまわないものなのだろうと考えています。世界とは大きな外套《がいとう》のようなものであり、そこには様々なかたちのポケットが必要とされているからです。しかし今の彼は、このまま放置できないくらい危険な存在になっています。みみずくんの心と身体は、長いあいだに吸引蓄積された様々な憎しみで、これまでにないほど大きく膨れ上がっています。おまけに彼は先月の神戸の地震によって、心地の良い深い眠りを唐突に破られたのです。そのことで彼は深い怒りに示唆《しさ》されたひとつの啓示を得ました。そして、よし、それなら自分もこの東京の街で大きな地震をひき起こしてやろうと決心したのです。ぼくはその日時や規模について、仲の良い何匹かの虫たちから確実な情報を得ました。間違いありません」

Translation Notes #12

ℓ.02→ **I feel no personal animosity toward Worm**

「私は『みみず』に対して個人的な敵対心を持ってはいない」。名詞 animosity は「敵対心、反感、憎悪」。原文では「反感や敵対心」(2 行目)と言葉を分けているが、英訳では animosity の一語のみを用いている。

ℓ.08→ **pockets of various shapes and sizes**

「様々な形や大きさのポケット」。原文は「様々なかたちのポケット」(8 行目)とだけあり、「大きさ」については触れていないが、英訳では内容と語調を考えて(shapes and sizes は同じ s で始まる単語なので、一種の頭韻として語調が良い)加えられていると考えられる。また pocket も複数形になることに注意。

ℓ.10→ **Worm has reached the point where he is too dangerous to ignore**

「『みみず』はあまりにも危険で無視できないところまで来てしまっている」。原文は「彼は、このまま放置できないくらい危険な存在になっています」(9 行目)。英訳では「放置できない」という表現を「無視できない」という言い方に変えている。また、「みみず」の「怒り」が蓄積して極限に来ているという感じを reach the point 「その地点まで来る、その時点・段階に達する」という言い方で表していると言える。

ℓ.13→ **his heart and body have swollen to gargantuan proportions**

「彼(『みみず』)の心と体は巨大な大きさに膨れ上がってきている(きてしまった)」。動詞 swell (過去分詞が swollen) は「膨れる、膨張する」。現在完了の形になっているのは、今のこの時点までに膨れる状態が続いているから。形容詞 gargantuan はもともと『ガルガンチュア物語』の巨人(Gargantua)を指すが、とてつもなく大きいことを示す。これまで「巨大な」様子を表すには主に gigantic が用いられていたが、ここでは体内に憎しみをため込み膨らむ様子から、gargantuan という言葉が用いられていると考えられる。なお、名詞 proportion はもともと「割合、比率」の意味であるが、複数形で「空間的な大きさ、広がり」という意味にもなる。その場合常に複数扱い。原文は「みみずくんの心と身体は～(これまでにないほど)大きく膨れ上がっています」(10 行目)とあり、英訳のほうがより具体的なイメージを伴っていると言えるだろう。

ℓ.14→ bigger than ever before

「今までにないほど大きい、かつてなく大きい」。この前の gargantuan proportions について説明を加えている。「比較級＋ than ever before」は「今までにないほど～」という言い方。

ℓ.15→ to make matters worse

「さらに悪いことには」。決まった表現。文頭に用いる。原文は「おまけに」(13 行目)。

ℓ.16→ last month's Kobe earthquake shook him out of the deep sleep he was enjoying

直訳すれば「先月の神戸の地震が彼(『みみず』)を揺り動かし、楽しんでいた深い眠りから目覚めさせた」。つまり、「先月、神戸の地震の大きな揺れによって、彼は心地良い深い眠りから目覚めてしまった」ということ。動詞 shake は「～を振る、揺さぶる」の意味。その後に形容詞や前置詞句を伴い、「～をゆすって…の状態にする」と表すこともできる。この場合は out of the deep sleep を伴い、「深い眠りから出た、目覚めた」状態を表す。原文は「彼は先月の神戸の地震によって、心地の良い深い眠りを唐突に破られたのです」（13行目）とある。「唐突に破られた」という表現は、急にグラッときた大きな地震によって目を覚ましたという感じであるが、それを英訳ではshakeという動詞をうまく使うことで似たようなニュアンスを表している。

ℓ.17→ **He experienced a revelation inspired by his profound rage: [...]**

「彼はその深い怒りに示唆されたある一つの啓示を経験した、それはつまり次のようなことだ」。コロン(:)は「すなわち」の意味で、revelationの内容が続くことになる。名詞revelationは「明らかにすること」の意味のほか、「啓示、天啓」の意味がある。動詞inspireは「インスピレーションを与える」という意味。形容詞profoundは「（知識、感情、影響などが）深い、深遠な」。この文は原文の言葉遣いをほぼそのまま訳している。

ℓ.18→ **it was time now for him, too, to cause a massive earthquake, and he'd do it here, in Tokyo**

「今や自分も大きな地震を引き起こすときだ、そしてここ東京でそれを行うつもりだ」。構文「It is time+（for...）to不定詞」=「もう（…が）～する時間だ」。itは特定の名詞を指すのではなく、構文上必要とされる。形容詞massiveは「大きな、大規模な、強力な」。he'd = he would。will（would）は意志を表す。原文は「よし、それなら自分もこの東京の街で大きな地震をひき起こしてやろうと決心したのです」（15行目）。英訳ではit is time to ～という口語的な表現や、意志を表すwillを用いることで、原文のように心の内を伝える表現になっている。

ℓ.20→ **I know what I'm talking about**

「ちゃんとわかっている、よく知っているんだ」。決まった言い方。文脈によってニュアンスが異なるが、この場合は「おかしなことを言っているのではない、内実はよくわかっているんだ」というニュアンス。この後にコロン(:)があり、「つまり、虫たちから確実な情報を得ているのだから」というように続く。原文の「間違いありません」(19 行目) に相当する。ただ、原文では「〜虫たちから確実な情報を得ました」(18 行目)と述べてから「間違いありません」とあり、英訳ではその語順を変えていることになる。これは話の切り替えのためであると考えられる。これまでかえるくんは数行にわたり、自分のことではなくみみずくんのことを話している。英訳においても、Worm has reached the point [...](ℓ.10)という文からこの直前の文まで、基本的には人称代名詞の he (=Worm)を主語にした文(もしくは「彼が〜する」という関係が明らかに示されているような文)が続いている。つまり、会話文の中の叙述的な部分がひとしきり続いている。英訳では、この直後に同じ流れでI (=Frog) を主語にした文が続くと、それが叙述の続きなのか、片桐に向けられたメッセージであるのかわかりにくい。そこで、片桐に語りかけているということが明らかな短い文がまず置かれ、この場合はI know what I'm talking about, Mr. Katagiri (ℓ.20)と、「間違いありません」を表す訳文を先に持ってきて、さらに原文にはない Mr. Katagiri という呼びかけを加えていると考えられる。

ℓ.23→ **from some of my best bug friends**

「私の親友の虫友だちの一部から(情報を得た)」。名詞 bug は「虫、昆虫」を表す最も一般的な単語。「小さな虫」のイメージである。原文は「仲の良い何匹かの虫たちから」(18 行目)。

#13 Stop The Earthquake

Frog snapped his mouth shut and closed his round eyes in apparent fatigue.

"So what you're saying is," Katagiri said, "that you and I have to go underground together and fight Worm to stop the earthquake."

"Exactly."

Katagiri reached for his cup of tea, picked it up, and put it back. "I still don't get it," he said. "Why did you choose *me* to go with you?"

Frog looked straight into Katagiri's eyes and said, "I have always had the profoundest respect for you, Mr. Katagiri. For sixteen long years, you have silently accepted the most dangerous, least glamorous assignments – the jobs that others have avoided – and you have carried them off beautifully. I know full well how difficult this has been for you, and I believe that neither your superiors nor your colleagues properly appreciate your accomplishments. They are blind, the whole lot of them. But you, unappreciated and unpromoted, have never once complained.

地震を阻止する

かえるくんは口をつぐみ、話し疲れたように軽く目を閉じた。

「それで」と片桐は言った。「あなたと私と二人で地下に潜り、みみずくんと闘って、地震を阻止する」

「そのとおりです」

片桐は湯飲みを手に取り、それをまたテーブルの上に戻した。「まだよく呑《の》み込めないのですが、どうしてこの私があなたのパートナーとして選ばれたのでしょう？」

「片桐さん」とかえるくんはじっと片桐の目をのぞきこんで言った。「ぼくはつねづねあなたという人間に敬服してきました。この16年のあいだあなたは人がやりたがらない地味で危険な仕事を引き受け、黙々とこなしてきました。それがどれくらい大変なことだったか、ぼくはよく知っています。残念ながら上司や同僚が、あなたのそんな仕事ぶりを正当に評価してきたとは思えません。連中にはきっと目がついていないのでしょう。しかし認められなくても、出世しなくても、あなたは愚痴ひとつ言うでもない。

Translation Notes #13

ℓ.01→ Frog snapped his mouth shut

「『蛙』はピタッと口を閉じた、パクッと口を閉じた」。動詞 snap はもともと「パチンと音を立てる」の意味で、「(〜を)ピシッと叩く」、「(〜を)ポキッと折る」、「(〜を)カチッと閉める」など、基本的には音とその動作を表す。しかし、この場合は、口を閉じる音を表すというより、「蛙」が急にぴたりと口をつぐんだ様子を表している。shut はこの場合形容詞で、snap という行為によって「口が閉じる」状態になったことを表す。原文は「かえるくんは口をつぐみ」(1 行目) である。この「口をつぐむ」という表現は「黙り込む」の意味であるので、例えば Frog shut his mouth と簡単に表すことも可能であるだろうが、ここでは次の「目を閉じる」という行為(英訳では closed his round eyes)と合わせ、「蛙」の「目」や「口」の特徴をあえて際立たせる表現になっているとも考えられる。原文では「かえるくん」が「口をつぐみ」、「軽く目を閉じた」といかにも人間的な描写がされ、散文的でもある。一方英訳では、「蛙」のおそらく大きな口がパクッと閉じた様子や、大きな丸い目がおそらく蓋をするように閉じられた様子が、戯画的に、あるいは漫画的に表されていると言えるかもしれない。

ℓ.02→ closed his round eyes

「彼のまんまるい目を閉じた」。round は形容詞で「丸い」の意味。round eyes で「丸い目」、つまり蛙に特有の「丸い大きな目」を描写していると考えられる。原文には「軽く目を閉じた」(1 行目)とあり、「丸い」という言葉はない。原文では、少し一息つくようにしている「かえるくん」の様子がうかがえるが、英訳では直前の口を閉じた描写と合わせ、「蛙」の「まんまるい目」を強調して、戯画的・漫画的な描写となっていると言える。

ℓ.02→ in apparent fatigue

「どうやら疲れた様子で」。形容詞 apparent は「目に見える形の、外見上の、どうやら〜である」という意味。名詞 fatigue（発音記号：[fətíːg]）は「疲れ、疲労」の意味。原文は「話し疲れたように」（1 行目）。英訳は「話して疲れた」という表現にはなっていないが、この前の「蛙」の長ぜりふから、その状況は明らかである。

ℓ.08→ Katagiri reached for his cup of tea, picked it up, and put it back

「片桐は自分の湯飲みに手を伸ばし、それを手に取り、また元に置いた」。動詞 reach は他動詞として用いられるときは、その後に目的語を伴い「〜に到着する、〜に届く」、あるいは「（手や腕など）を伸ばす」の意味であるが、この文のように自動詞として用いられるときは、このままで「手を伸ばす」の意味になる。原文は「片桐は湯飲みを手に取り、それをまたテーブルの上に戻した」（6 行目）である。原文では湯飲みを「手に取り」、「戻した」と 2 つの動詞のみで描写されているが、英訳には「手（あるいは腕）を伸ばす」という行為が加えられている。片桐は湯飲みを手に取りながら、「かえるくん」の話した内容を考えているわけであるが、その状況を表すのに英訳では 1 つ動作を加えることで、片桐がしばし考え込んだ様子がより明らかになっていると言えるかもしれない。

ℓ.12→ I have always had the profoundest respect for you

直訳すれば「私はいつもあなたに対して最も深い尊敬の念を抱いてきた」、つまり「私はずっとあなたを心から尊敬してきた」ということ。現在完了（have had）の形に注意。今までずっと尊敬してきたという現在までの継続を表す。the profoundest

は形容詞 profound（「深い、深遠な」）の最上級の形、この場合は「心の底から」という意味で強調のために最上級の表現となっている。原文は「ぼくはつねづねあなたという人間に敬服してきました」（11 行目）である。原文では「あなたという人間」という表現により、片桐の「人間性」を強調して「かえるくん」の尊敬の念を表しているが、英訳では the profoundest respect という表現にすることで、その尊敬の度合いを強調していると言える。

ℓ.14→ the most dangerous, least glamorous assignments

「最も危険で、最も魅力のない仕事（の数々）」。名詞 assignments を 2 つの形容詞が修飾している。least は「最も少ない～、最も～でない」、従って least glamorous で「最も魅力的でない」の意味になる。原文の「地味で」（13 行目）に相当する。なお、形容詞 glamorous は「魅力的な、華やかな」の意味で、この場合のように「仕事」や「生活」などを表す単語と結びつくことが多いが、人の性質を表すときには、いわゆる「グラマーな」、あるいは「色っぽい」という意味でも用いられる。また、名詞 assignment は「割り当てられた仕事、与えられた仕事」を表し、一般的な意味での仕事を指すのではなく、具体的に各人に割り当てられた仕事のことを指す。この場合、複数形になっているので、そのような仕事が複数あったことが理解される。その他、assignment は学校で学生に課される「宿題、課題、レポート」の意味にもなる。なお、原文ではただ「地味で危険な仕事」（13 行目）とあるが、英訳では最上級の形にすることによって意味が強調されていると言える。

ℓ.16→ you have carried them off beautifully

「あなたはそれらを見事にやってのけた」。現在完了形はこの前に続く文と同じく、現在までの継続を表す。carry off ～は「～を運び去る、かっさらう」などの意味であるが、この文のように「（難しい問題や仕事などを）うまくやってのける」の意味でも用いられる。原文の「黙々とこなしてきました」（13 行目）に相当する。原文は「黙々と」とあるが、英訳ではそれに相当する

silently は、この前の「仕事を引き受けてきた」という意味の accepted を修飾するほうに用いられている。社員個人の能力を重視する欧米の文化にあっては、「愚痴も言わずに黙って仕事を引き受け」、そしてその引き受けた仕事を「見事にこなす」とするほうが、相手の能力を褒めるにはよりわかりやすい表現であるとも言えるかもしれない。

ℓ.21→ They are blind

「彼らには見えていない」。形容詞 blind は、このように「(物事の)見る目がない、(物事が)見えていない」という意味でも用いられる。原文は「連中にはきっと目がついていないのでしょう」(17 行目)とあり、英訳の表現より強い言い方になっている。英訳では「目がついていない」という比喩的な表現をそのまま表すのではなく、批判的な表現としてよく用いられる言い方にしている。ただ、英訳では、その後に「全員がそうである」という原文にはない表現を挿入することで強めてもいる。

ℓ.21→ the whole lot of them

「(彼らの)全員が全員(見えていないの)である」。直前の They を言い直している。the whole lot of ~は「~の全部、~の一切合切」、口語的な表現である。なお、a whole lot of ~であると「たくさんの~」の意味になる。原文にはこれに相当する表現がないが、この言い方を加えることで全体の意味を強めている。また、原文の「連中」(17 行目)という表現に近いニュアンスを提示しているとも言える。

ℓ.22→ unappreciated and unpromoted

「正しく評価されず、昇進することがなくても(一度も不平を言ったことがない)」。文法的には分詞構文と考えるとわかりやすい。直前の being が省略され、その分詞で始まる句が、その後の述語動詞(have never [...] complained)で表される行為について説明を加えている。また、「(上司や同僚から)認められなくても、また昇進できなくても」と譲歩の意味にとらえられる。原文は「認められなくても、出世しなくても」(18 行目)である。

#14

Courageous Man

"Nor is it simply a matter of your work. After your parents died, you raised your teenage brother and sister single-handedly, put them through college, and even arranged for them to marry, all at great sacrifice of your time and income, and at the expense of your own marriage prospects. In spite of this, your brother and sister have never once expressed gratitude for your efforts on their behalf. Far from it: they have shown you no respect and acted with the most callous disregard for your loving-kindness. In my opinion, their behavior is unconscionable. I almost wish I could beat them to a pulp on your behalf. But you, meanwhile, show no trace of anger.

"To be quite honest, Mr. Katagiri, you are nothing much to look at, and you are far from eloquent, so you tend to be looked down upon by those around you. *I*, however, can see what a sensible and courageous man you are. In all of Tokyo, with its teeming millions, there is no one else I could trust as much as you to fight by my side."

勇気ある人間

仕事のことだけではありません。ご両親が亡《な》くなったあと、あなたはまだ十代だった弟と妹を男手ひとつで育てあげ、大学を出し、結婚の世話までした。そのために自分の時間と収入を大幅に犠牲にしなくてはならなかったし、あなた自身は結婚することもできなかった。なのに弟と妹は、あなたの世話になったことなんてちっとも感謝していません。ひとっきれも感謝していません。というか逆に、あなたを軽んじて、恩知らずなことばかりしています。ぼくに言わせればとんでもないことです。あなたのかわりにぶん殴ってやりたいくらいです。でもあなたはべつに腹を立てるでもない。

正直に申し上げまして、あなたはあまり風采《ふうさい》があがりません。弁も立たない。だからまわりから軽く見られてしまうところもあります。でもぼくにはよくわかります。あなたは筋道のとおった、勇気のある方です。東京広しといえども、ともに闘う相手として、あなたくらい信用できる人はいません」

ℓ.01→ Nor is it simply a matter of your work

「そしてまた、このことはあなたの仕事のことだけではない」。norは通常、直前の否定語を受けて「〜もまた…でない」の意味になるが、この文のように、時に否定語を受けずに「そしてまた…でない」というつながりになることもある。この文脈では、itは「蛙」が片桐に「敬服して」(99ページ、11行目)きたことを指し、それは仕事の上だけではないと述べていると理解できる(なお、この文の直前のyou [...] have never once complainedという否定文を受けているととらえられなくもない。「愚痴ひとつ言わないのは仕事のことだけではない」というように)。simply = just。原文は「仕事のことだけではありません」(1行目)。

英訳では文頭のNorの前に引用符がある。この段落における最初の文なので引用符が伴われる。一方で、この段落の最後の一文を結ぶ引用符は存在しない(この前の段落でも同じである)。引用符で括られるべき発言が非常に長く続く場合は、その引用が続いていることを示すために各段落の冒頭にのみ引用符を用い、段落の最後には用いられないのが普通で、その発言が終わるときのみ、段落の最後に用いられる。

ℓ.02→ you raised your teenage brother and sister single-handedly

「あなたは十代の弟と妹を一人で育てあげた」。動詞raiseには「〜を持ち上げる」の意味のほか、「(子どもを)育てる、(家畜を)飼育する、(作物を)栽培する」の意味がある。また、副詞single-handedlyは「片手で、一人で、独力で」の意味。原文はこの部分、「男手ひとつで」(3行目)となっている。

ℓ.05→ all at great sacrifice of [...]

「(これら)すべては〜の多大な犠牲のもとにあった、(これら)

すべてのために〜を大いに犠牲にした」。文法的には all の後に being が省略されているととらえられ、この部分の句が分詞構文のように、その前の一連の動詞群を修飾している。つまり、「すべて〜の多大な犠牲のもとに、弟と妹を育て、大学に行かせ、結婚させた」、あるいは、「弟と妹を育て、大学に行かせ、結婚させ、そのすべてが〜の多大な犠牲のもとにあった」とつながる。名詞 sacrifice は「犠牲」。また、at (a) great sacrifice of 〜は「〜の多大な犠牲を払って、〜を大いに犠牲にして」という決まった言い方。原文の「そのために〜を大幅に犠牲にしなくてはならなかったし」(4 行目)に相当する。なお、原文では改めて始まる一文であるが、英訳のこの部分は前の文に組み込まれる形になっている。

ℓ.06→ at the expense of your own marriage prospects

「あなたの結婚の可能性も犠牲にして」。名詞 expense には「出費」のほか、「犠牲」の意味もある。このように、at the expense of 〜という決まった形で用いられることが多い。名詞 prospect は「見通し、前途」という意味であるが、複数形ではある特定の事柄に対する「見込み、目途」という意味で使用されることも多い。従って、your marriage prospects は「あなたが結婚する見込み」。原文では「あなた自身は結婚することもできなかった」(5 行目)とある。原文ではこれだけで独立した文のようになっているが、英訳では After your parents died に始まる長い文の中に組み込まれる形になっており、その前の「〜を犠牲にして」という表現をもう一度繰り返している。ただし、一方は sacrifice、もう一方は expense という異なる言葉を用いて単調になることを避けていると言える。

ℓ.08→ your brother and sister have never once expressed gratitude for [...]

「あなたの弟と妹は(これまで)一度も〜に対して感謝の気持ちを表したことがない」。現在完了形に注意。現在までの経験を表す。動詞 express は「〜を表明する、表現する」。名詞 gratitude は「感謝、感謝の気持ち」、前置詞 for を伴って「〜に対する感謝」を表す。原文は「弟と妹は、〜なんてちっとも感謝していません」(6 行目)である。その後に続く「ひとっきれも感謝していません」(7 行目) の意味も含まれていると考えられる。

ℓ.09→ for your efforts on their behalf

「彼らのためのあなたの(数々の)努力に対して」。名詞 effort は「努力、奮闘」。their = your brother and sister's。on behalf of 〜で「〜のために、〜のためを思って」という意味の成句。この場合は your efforts を修飾し、「彼らのために(行った)あなたの努力」ということになる。原文の「あなたの世話になったことなんて」(6 行目)に相当する。「あなたの世話になる」や「結婚の世話」など日本語の「世話」の意味合いはなかなか微妙で、英語の care や help でいつも置き換えられるというわけではない。

ℓ.11→ [...] acted with the most callous disregard for your loving-kindness

直訳すれば「あなたの愛情深い優しさに対する最も冷淡な無関心でもって振る舞った」、つまり「あなたの思いやりなど全く冷淡に無視する態度をとった」ということ。形容詞 callous は「無感覚な、無情な、冷淡な」、この場合は最上級の形(the most callous)でその性質を強調している。名詞 loving-kindness は文字通りには「愛情深い優しさ」、つまり「思いやり、情け」のこと。原文は「恩知らずなことばかりしています」(8 行目)とある。日本語では一言「恩知らず」とあるが、英訳はより説明的であり、また the most callous という表現を加えるなどして、弟と妹の情け知らずの行為を強調している。また、日本語の「恩」もただ kindness とするのではなく、loving-kindness と意味を二重にすることで強調していると言える。

ℓ.13→ I almost wish I could beat them to a pulp

「私は彼らをぼこぼこに打ちのめしてやりたいぐらいだ」。構文「I wish +仮定法を用いた節」=「〜であればよいのに(〜であったらよかったのに)、〜したいと思うのに(〜していたらと思うのに)」。この文では、I wish の後に I could beat them と仮定法過去を用いた節がきており、現在の事柄に対する願望を表している。「彼らを打ちのめすことができたらと思うのに」、「彼らを打ちのめしてやりたいものだが」ということ。また、副詞の almost は文字通りには「ほとんど〜と思う」と係り、つまり「打ちのめしてやりたいぐらいだ」というニュアンスを表す。なお、beat 〜 to a pulp は成句で、「〜をこてんぱんに打ちのめす、ぺしゃんこにやっつける」の意味。pulp は紙の材料である「パルプ」を表すが、果肉や素材を溶かしたものなど「どろどろしたもの」を指す。原文は「ぶん殴ってやりたいくらいです」(10 行目)である。英訳は慣用表現とはいえ、原文の「ぶん殴る」に比べれば、片桐の弟と妹に対する「蛙」の強い気持ちがよりはっきり表されており、より感情的な表現であると言えるかもしれない。

ℓ.15→ But you, meanwhile, show no trace of anger

直訳すれば「しかしその一方で、あなたはこれまで何の怒りの痕跡も示していない」、つまり「しかしあなたは全く怒ったりしていない」。副詞 meanwhile は「その間」の意味の他、「その一方で、それに対して」の意味もある。この文では、主語の you の後にコンマが置かれ、また meanwhile という語が入ることで、一呼吸の間があり、そのことによって you が強調されている。つまり、自分(「蛙」)は怒っているが、その一方であなた(片桐)は全く怒っていないという対照を表す。名詞 trace は「跡、痕跡、形跡」。原文は「でもあなたはべつに腹を立てるでもない」(11 行目)である。

ℓ.17→ To be quite honest

「正直に言うと、ありのまま言うと」。to be honest は文頭で用いられる決まった言い方。副詞 quite は「全く、とても」の意味で、強調のために用いられている。イギリス英語では quite はごく日常的に用いられるが、アメリカ英語では少し堅い感じもある。原文は「正直に申し上げまして」(12 行目)とある。

ℓ.19→ eloquent

「雄弁な、弁が立つ」

ℓ.20→ *I*, however, can see [...]

「しかし、この私には〜ということが理解できる」。主語の I がイタリック体になっていることで強調されている。however は「しかし、しかしながら」の意味。このように文中に挿入される形で用いられることが多い。文章で多く用いられ、口語で用いるにはかなり改まった表現である。一方、原文は「でもぼくにはよくわかります」(14 行目) とある。英訳の「蛙」は、自分の洞察力を誇示するためか、ここでももったいぶった少し堅い表現を用いている。

ℓ.20→ what a sensible and courageous man you are

「あなたが何とものわかりのよい、勇気のある男であるか(をこの私は理解できる)」。動詞 see の目的語の節であり、what を用いた感嘆文ができている。形容詞 sensible は「sense を持っている」という意味を表すが、その場合の名詞 sense は「分別、良識、思慮」の意味である。従って「分別のある、ものわかりが良い、賢い」などの意味になる。原文は「あなたは筋道のとおった、勇気のある方です」(15 行目)とある。英訳は感嘆文を用いて、やはり多少大げさな表現になっていると言えるであろう。また原文の「筋道のとおった」は 1 つには「論理的である」ことを意味すると考えられるが、英訳では sensible を用いており、「論理的」というよりは「きちんとした良識がある」という意味合いになっている。

ℓ.21→ In all of Tokyo [...] there is no one else I could trust as much as you to fight by my side

直訳すれば「東京全体において、私の側にいて闘うのに、あなたぐらい大いに私が信頼できるような人は他に誰もいない」。つまり「この東京で、私とともに闘うのにあなたほど私が信頼を置ける人はいない」ということ。could は仮定法として用いられ、意味合いとしては「信用しようとするならあなた以外に誰もいないだろう」ということになる。動詞 trust は「信頼する、信頼を置く」。much はこの場合、程度を表す副詞で「大いに」の意味であり、比較を表す表現の中で用いられている。構文「as+ 形容詞・副詞の原級 +as...」=「…と同じくらい〜」。つまり、「私があなたと同じくらいに大いに信頼できる人(は他に誰もいない)」となる。to 不定詞の句は副詞的用法として用いられ、「〜するためには、〜するのに」の意味で動詞 trust を後ろから修飾している。原文は「東京広しといえども、ともに闘う相手として、あなたくらい信用できる人はいません」(15 行目)である。なお、原文の「(私と)ともに闘う」を表すのに、「ともに」とあるために to fight with me と前置詞 with を用いると、「私を相手に闘う」の意味でとらえられる可能性がある。英語では「〜と闘う、〜を相手に闘う」は fight with 〜、もしくは fight against 〜である。

ℓ.22→ with its teeming millions

「何百万もの人々があふれかえる(東京において)」。its = Tokyo's。直訳すれば「そのあふれかえる大多数の人々を抱えている状態で」。つまり、後の文とつなげると、「東京にはあふれかえるほど多くの人がいても、その中で信頼できるような人はあなたをおいて他にはいない」となる。形容詞 teeming は「あふれんばかりの、うようよするほどの」という意味合いで、多数の人がいることを表している。原文の「東京広しといえども」(15 行目)の「広しといえども」という慣用表現を表すのに、英訳では、その前の In all of Tokyo と合わせて、東京の「広さ」と人口の「多さ」で表現していると言える。

#15

Key Thing

"Tell me, Mr. Frog — " Katagiri said.

"Please," Frog said, raising one finger again. "Call me 'Frog.' "

"Tell me, Frog," Katagiri said, "how do you know so much about me?"

"Well, Mr. Katagiri, I have not been frogging all these years for nothing. I keep my eye on the important things in life."

"But still, Frog," Katagiri said, "I'm not particularly strong, and I don't know anything about what's happening underground. I don't have the kind of muscle it will take to fight Worm in the darkness. I'm sure you can find somebody a lot stronger than me — a man who does karate, say, or a Self-Defense Force commando."

Frog rolled his large eyes. "To tell you the truth, Mr. Katagiri," he said, "*I'm* the one who will do all the fighting. But I can't do it alone. This is the key thing: I need your courage and your passion for justice. I need you to stand behind me and say, 'Way to go, Frog! You're doing great! I know you can win! You're fighting the good fight!' "

Frog opened his arms wide, then slapped his webbed hands down on his knees again.

肝心なところ

「かえるさん」と片桐は言った。

「かえるくん」とかえるくんはまた指を立てて訂正した。

「かえるくん。どうして私のことをそんなに詳しく知っているのですか？」

「ぼくはだてに長く蛙《かえる》をやっているわけではありません。世の中の見るべきことはちゃんと見ているのです」

「しかしね、かえるくん」と片桐は言った。「私は腕っぷしが強いわけでもないし、地底のことも何も知りません。真っ暗な中でみみずくんを相手に闘うには、やはり力不足だと思うんです。私よりもっと強い人はほかにいるでしょう。空手をやっている人とか、自衛隊のレンジャー部隊とか」

かえるくんはくるりと大きな目をまわした。「片桐さん、実際に闘う役はぼくが引き受けます。でもぼく一人では闘えません。ここが肝心なところです。ぼくにはあなたの勇気と正義が必要なんです。あなたがぼくのうしろにいて、『かえるくん、がんばれ。大丈夫だ。君は勝てる。君は正しい』と声をかけてくれることが必要なのです」

かえるくんは両腕を大きく広げ、それをまた両膝の上にぴしゃっと置いた。

Translation Notes #15

ℓ.01→ Tell me, Mr. Frog

「ねえ、『蛙』さん」。Tell me はもともと Tell me something という文の something が省略されたもので、これは相手に何か尋ねる前に「少し聞きたいことがあるのですが」と前置きするときに用いられる決まった表現である。このように Tell me だけで用いられることも多い。その場合は「ねえ、あの、ちょっと」というニュアンスで軽く用いられている。一方、原文は「かえるさん」（1 行目）とだけ呼びかけている。英訳ではまず Tell me と話しかけることで、会話としての自然な流れが作り出されている。また、その後に何か質問文がくることが予想され、実際に数行後には Tell me, Frog, [...] how do you know so much about me? と片桐は尋ねている。このように切り出す文句がないまま Mr. Frog とだけ呼びかけると、その後にどのような内容の文が来るのかはっきりしないということになるが、それはそれで原文の「かえるさん」という唐突な呼びかけと似たような切り出し方であると言えるであろう。ただし、ここでの会話の焦点は、Mr. Frog「かえるさん」と呼びかける片桐に対し、再度 Frog「かえるくん」と修正される、その掛け合いの面白さにあるので、この切り出し方の違いが雰囲気に大きな違いをもたらすということにはならない。

ℓ.06→ Well, Mr. Katagiri, [...]

「あのね、片桐さん」。英語の間投詞としての well のニュアンスは文脈によって様々であるが、この場合は、片桐の問いかけに対して、「それはね、～であるからですよ」という感じである。あるいは、「あのね、ちょっとバカにしてもらっては困りますが」などのようにもとらえられるであろう。原文にはこのような話を切り出すための言葉が見当たらないが、英訳では会話の自然な流れとして用いられていると同時に、「蛙」の少しもったいぶった言い方を表しているとも言えるかもしれない。

ℓ.06→ I have not been frogging all these years for nothing

「私はこの何十年もの長い間、無駄に蛙をやってきたわけではない」。frogging はこの形から動詞であることがわかるが、英語で frog を動詞で用いることはめったになく、この「蛙」独特の使い方である。原文も「ぼくはだてに長く蛙《かえる》をやっているわけではありません」(6 行目) と、「蛙をやっている」という言い回しは「かえるくん」独自の表現であり、それが何を表すのかこの時点ではっきりしているわけではない。

ℓ.07→ I keep my eye on the important things in life

「私はこの世の中に起きる大事なことにいつも目を配っている」。keep one's eye on ～は決まった言い方で、文脈によって「～から目を離さずにいる、～にずっと目をつけている、～にいつも気を配っている」などの意味になる。life は「人生」であるが、「暮らし、営み、世の中」などの意味でも用いられる。原文は「世の中の見るべきことはちゃんと見ているのです」(7 行目) である。原文は「見るべきこと(を見る)」とあるが、英訳はそれを直訳するのではなく、「世の中の重要なこと、大事なこと」としている。慣用表現の keep one's eye on ～はその対象が良いことにも悪いことにも使われるので(例えば「～を監視する」の意味でも用いられる)、ここでは important という明示的な形容詞が用いられているとも考えられるであろう。

ℓ.09→ But still

「しかしそれでも」。原文は「しかしね」(8 行目) と相手に切り出す言い方になっている。

ℓ.09→ I'm not particularly strong

「私は特に強いというわけではない、とりわけ強いということでもない」。副詞 particularly は「特に、特別に」。原文は「私は腕っぷしが強いわけでもないし」(8 行目) である。原文には「腕っぷし」とあるが、英訳ではただ strong である。この文脈では strong が体力、もしくは腕力を指すことは明らかであり、「腕っぷしが強い」という表現を説明的に付与する必要は特にないであろう。ただし、「腕っぷし」に相当すると考えられる表現が、直後の「力不足」(11 行目)の訳に見られることに注意。

ℓ.11→ I don't have the kind of muscle it will take to fight Worm in the darkness

直訳すれば「私は暗闇の中で『みみず』と闘うために必要な腕力というものを持っていない」、つまり「暗闇で『みみず』と闘えるだけの腕力はない」あるいは「腕っぷしはない」ということ。名詞 muscle はもともと「筋肉」を意味するが、「筋力」や「腕力」という意味でも用いられる。また、ここでは the kind of muscle と「muscle という類のもの」とあるので、muscle は「筋肉」そのものというより「力」を指しているととらえられる。原文は「真っ暗な中でみみずくんを相手に闘うには、やはり力不足だと思うんです」(10 行目) である。原文ではこの文の前に「腕っぷしが強いわけでもない」とあり、さらに「地底のことも何も知りません」とあるので、この「力不足」は「力量不足」、つまり「体力」や「知力」(地底のことに対する知識が何もないという意味で)がないことを表しているように受けとれる。一方、英訳ではこの文に関しては、「体力」のみを表していると言える。この前に、I'm not particularly strong、I don't know anything about [...] との言及はあるが、何よりも「闘い」には「体力」が必要であるということなのかもしれない。

ℓ.14→ a man who does karate, say, or a Self-Defense Force commando

「例えば空手をやっている人や、自衛隊の特殊部隊の人」。

挿入された say はこの場合、「例えば」という意味合いで軽く用いられている。for example より軽い意味であるので、口語的でもある。なお、Self-Defense Force は「自衛隊」の英語名、名詞 commando は「ゲリラ隊、突撃隊」、この場合は人を指すので「隊員」の意味。原文では「自衛隊のレンジャー部隊」(12 行目)とある。なお、karate(発音記号:[kərɑ́:ti])はスポーツの 1 つとして、このまま英語として用いられている。

ℓ.17→ **Frog rolled his large eyes**

「『蛙』はその大きな目をくるりと回した」。動詞 roll は「くるりと回す、回転させる、転がす」。原文に「かえるくんはくるりと大きな目をまわした」(14 行目)とあり、そのまま文字通りに訳されていると言える。以前の「蛙」が目を閉じるというくだりで、英訳では原文にはない「丸い目」 his round eyes という描写があった。そのため、この部分で「蛙」が「くるりと大きな目を回した」という描写はごく自然な仕草と映り、かつ戯画的・漫画的でもある。さらに、英語の roll one's eyes は決まった表現でもある。驚いたときやあきれたときなどに「目をぐるりと回す」と言うことがある。あるいは、「目をぐるりと動かして～を見やる」 roll one's eyes at ～と表現したりもする。実際の目のジェスチャーをこのように表している表現である。この場合も、片桐の発言に「蛙」が驚いた様子を示していると考えられ、従って英訳のこの一文は、「蛙」の実際の行為の描写と、その内面的な描写の両方を表していると言うことができるであろう。

ℓ.17→ **To tell you the truth, Mr. Katagiri**

「実はね、片桐さん」。原文にはこれに相当する表現はなく、「片桐さん」(14 行目)とただ呼びかけている。46 ページでも片桐が「蛙」に呼びかける際に、原文にはない To tell you the truth が挿入されていた(ℓ.7、ℓ.10)。この場合は「実は、闘うのは自分である」と、「蛙」がその内実をこの直後に打ち明けるので、このような表現が挿入されていると考えられる。

ℓ.18→ ***I'm* the one who will do all the fighting**

直訳すれば「その闘いのすべてを担うことになるのはこの私で

す」、つまり「その闘いのすべては私が行う、私こそがその闘いをする」ということ。I'm the one who ～は「私こそが～します」という意味のよくある言い方である。また、この文では、I'm がイタリック体になっていることで「自分が」闘うということがさらに強調されている。原文は「実際に闘う役はぼくが引き受けます」(15 行目)である。

ℓ.21→ I need you to stand behind me and say [...]

「私には、あなたに私の後ろに立ってもらって、そして～と言ってもらうことが必要である」、つまり「後ろにいて～と言ってもらいたい」ということ。原文は「あなたがぼくのうしろにいて、『～』と声をかけてくれることが必要なのです」(17 行目)である。ほぼ原文をそのまま英訳していると言えるが、英語の stand behind ～ は、決まった言い方として「～の支えとなる、～の後ろ盾となる、～を支持する」などを意味することもある。また、原文では「声をかけて」とあるが、その後に実際の声援の文句が続くので、say だけでも十分であると言える。

ℓ.22→ Way to go

「行け行け」、「がんばれ」。原文は「がんばれ」(18 行目)。「がんばる」は翻訳することが難しい日本語の 1 つであり、この言葉にぴったり合う英単語やフレーズはないと言えるであろう。しかし、この場合は、闘っている「蛙」を応援しているという状況であるため、応援や声援のための一般的な表現が用いられている。Way to go はもともと That's the way to go という文であり、「いいぞ」、「うまい」、「その調子」というニュアンスである。日本語の「がんばれ」は、今行われている行為にも、これから行われる行為に対しても使われるが、Way to go は何か達成したことに対して「よくやった、その調子」という意味合いで用いられるのが普通である。

ℓ.22→ You're doing great

直訳すれば「あなたはすばらしくやっている」、つまり「すごいぞ」、「いいぞ」という感じ。原文は「大丈夫だ」(18 行目)。

ℓ.23→ I know you can win

直訳すれば「あなたが勝てるということはわかっている」、つまり「勝てるぞ」という感じ。原文は「君は勝てる」(18 行目)。

ℓ.23→ You're fighting the good fight

直訳すれば「あなたはすばらしい戦いを戦っている」ということであるが、fight the good fight は決まった表現であり「信念や正義のために立派に戦う」という意味。原文は「君は正しい」(19 行目)とある。

ℓ.25→ slapped his webbed hands down on his knees again

「彼の水搔きのついた両手を、再び両膝の上にぴしゃりと置いた」。動詞 slap については 42 ページを参照のこと。この場合は slapped down とあり、上で広げていた両手を下におろしたことがわかり、また on his knees とあるのでその両手が膝の上に置かれたということになる。その手に水搔きがついているので、「ぴしゃりと、ぴしゃっと」音を立てることになる。again は、膝に手を置いていた状態に戻ったということを表している。原文は「それをまた両膝の上にぴしゃっと置いた」(20 行目)である。原文の「それ」は厳密には「両腕」を指すということになる。英訳では his webbed hands「水搔きのついた両手」という具体的な目的語を持ってきているが、slap は人間が「平手」で何かを叩く際にもよく使われる動詞であるので、それだけでも「水搔きのついた手」であることを明示していると考えられる。

#16

Fierce Fight

“In all honesty, Mr. Katagiri, the thought of fighting Worm in the dark frightens me, too. For many years I lived as a pacifist, loving art, living with nature. Fighting is not something I like to do. I do it because I have to. And this particular fight will be a fierce one, that is certain. I may not return from it alive. I may lose a limb or two in the process. But I cannot – I *will* not – run away. As Nietzsche said, the highest wisdom is to have no fear. What I want from you, Mr. Katagiri, is for you to share your simple courage with me, to support me with your whole heart as a true friend. Do you understand what I am trying to tell you?”

None of this made any sense to Katagiri, but still he felt that – unreal as it sounded – he could believe whatever Frog said to him. Something about Frog – the look on his face, the way he spoke – had a simple honesty to it that appealed directly to the heart. After years of work in the toughest division of the Security Trust Bank, Katagiri possessed the ability to sense such things. It was all but second nature to him.

すさまじい闘い

「正直に申し上げますが、ぼくだって暗闇の中でみみずくんと闘うのは怖いのです。長いあいだぼくは芸術を愛し、自然とともに生きる平和主義者として生きてきました。闘うのはぜんぜん好きじゃありません。でもやらなくてはならないことだからやるんです。きっとすさまじい闘いになるでしょう。生きては帰れないかもしれません。身体《からだ》の一部を失ってしまうかもしれません。しかしぼくは逃げません。ニーチェが言っているように、最高の善なる悟性とは、恐怖を持たぬことです。片桐さんにやってほしいのは、まっすぐな勇気を分け与えてくれることです。友だちとして、ぼくを心から支えようとしてくれることです。わかっていただけますか？」

そう言われても、片桐にはわからないことだらけだった。しかし彼はなぜか、かえるくんの言うことを——その内容がどれほど非現実的に響いたとしても——信用してもいいような気がした。かえるくんの顔つきやしゃべり方には、人の心に率直に届く正直なものがあった。信用金庫のいちばんタフな部署で働いてきた片桐には、そういうものを感じとる能力が、いわば第二の天性として備わっていた。

ℓ.01→ **In all honesty**

= To be honest。原文は「正直に申し上げますが」(1 行目)である。この少し前に「蛙」は To be quite honest という表現を用いている(104 ページ、ℓ.17)。原文が「正直に申し上げまして」と 105 ページ(12 行目)と同じ表現を用いているのに対し、英訳では表現を変えて単調になるのを避けていると言える。

ℓ.01→ **the thought of fighting Worm in the dark frightens me, too**

直訳すれば「暗闇の中で『みみず』と闘うということを考えることは私をも怖がらせる」、つまり「暗闇の中で『みみず』と闘うことを考えると私も怖くなる」ということ。主語が the thought of fighting Worm in the dark である。このように the thought of 〜を主語にして、「〜と考えると…である、〜と考えるだけで…である」という言い方はごく一般的ではあるが、少し堅い言い方でもある。原文は「ぼくだって暗闇の中でみみずくんと闘うのは怖いのです」(1 行目)。

ℓ.03→ **For many years**

「何年間も」。原文は「長いあいだ」(2 行目)。

ℓ.04→ **I lived as a pacifist, loving art, living with nature**

「私は平和主義者として、芸術を愛し、自然と共生しながら生きてきた」。as a pacifist という前置詞句、loving art という分詞構文、living with nature という分詞構文、この 3 つの句(文法的には 2 つの異なる形の句)が動詞 live を修飾している。この 3 つがそれぞれ独立に live を修飾しているともとらえられるが、「平和主義者として生きる」ということの説明として残りの 2 つの分詞構文の句が添えられていると考えることもできる。前置詞 as は「〜として」。名詞 pacifist は「平和主義者」。loving art は「芸術を愛しながら（生きてきた）」、living with nature は「自然と共に生活しながら（生きてきた）」ということ。原文は「ぼくは芸術を愛し、自然とともに生きる平和主義者として生きてきました」（3 行目）である。英訳は原文と多少語順が異なる。つまり、原文では「自然とともに生きる」と「平和主義者」が組み合わされているが、英訳では明確にそれらの関係を示しているわけではないと言える。原文では「自然とともに生きる」ことと「平和主義者」はある程度イコールの関係で結びついているようにもとらえられるが、英語の pacifist と日本の「平和主義者」ではイメージが異なるということなのかもしれない。

ℓ.05→ Fighting is not something I like to do

「闘うことは私のやりたいことではない、好きなことではない」。something の後に関係代名詞の which が省略され、I like to do の節が先行詞の something を修飾している。この文は、I do not like fighting と簡単な表現で同じ内容を伝えることはできるが、少しもったいぶった言い方をしていると言える。一方、原文は「闘うのはぜんぜん好きじゃありません」（4 行目）である。

ℓ.08→ I may lose a limb or two in the process

「私はその（闘いの）中で手足の 1 本か 2 本を失うかもしれない」。原文は「身体《からだ》の一部を失ってしまうかもしれません」（7 行目）とある。原文は「身体の一部」とあり具体的な部位を示していない。これは婉曲的な言い方のつもりかもしれないが、一方で英訳は「手足の 1、2 本」としている。

ℓ.09→ But I cannot — I *will* not — run away

「しかし私には逃げることはできない、いや逃げるつもりもない」。

どんなにすさまじい闘いであっても、それから逃げることはできないとまず言うつもりで、「いや、逃げるつもりもない」と言っている。そのため will がイタリック体になって強調されている。run away は「逃げる、逃げ出す」。一方、原文はただ一言「しかしぼくは逃げません」(8 行目)である。英訳では、もともと「平和主義者」で闘いが嫌いな「蛙」の微妙な気持ちの変化を表しているということであるかもしれない。義務ではなく自分の意志で逃げないということを宣言しているとも受けとられる。I cannot だけでは意志が足りず、I *will* not とすることで、その意志の強さを段階的に表していると言える。

ℓ.11→ **What I want from you, Mr. Katagiri, is for you to share your simple courage with me**

直訳すれば「片桐さん、私があなたに望むことは、あなたがその純粋な勇気を私に分け与えてくれることである」。what I want from you は、「私があなたからほしいもの」、つまりこの文脈では「私があなたに望むこと、やってほしいこと」。この部分が主語であり、動詞の is の後に名詞的用法の to 不定詞の句が続く。to 不定詞の意味上の主語は for ～で表されることに注意。従って「あなたが分け与えること」とつながる。形容詞 simple は「簡単な」の意味のほか、「全くの、純然たる」という意味もある。原文ではこの部分、「まっすぐな勇気」(10 行目)である。原文全体は「片桐さんにやってほしいのは、まっすぐな勇気を分け与えてくれることです」(10 行目)である。

なお、英訳では文の途中で Mr.Katagiri と呼びかけているが、原文にはそのような呼びかけはない(日本語では「彼」という代名詞を頻繁には用いないので、「片桐さんに」という名前が持ち出されることになるが、それは相手に対しての呼びかけではない)。これまで原文では呼びかけていなくても、英訳では Mr. Katagiri と、文頭、文中、文尾で幾度となく挿入されてきた。多少もったいぶった言い方をする「蛙」は、相手の注意を引きたいとき、これから重要なメッセージを伝えるとき、あるいは、片桐自身のことに触れるときなど、状況に応じて Mr.Katagiri と呼びかけている。また、訳文あるいは文体という観点からすれば、長ぜりふの多い「蛙」のせりふにところどころ呼びかけを挟むことで、片桐に向かって話しかけているという状況が想起されることになる。また英文の語調やリズムを整える役目も果たしていると言え、原文から離れて自由に挿入されていると言える。

ℓ.16→ None of this made any sense to Katagiri

直訳すれば「このような事柄のどれも片桐には意味をなさなかった」、つまり「このことはどれも片桐にはよくわからなかった」ということ。this はこれまでの「蛙」の話の内容全体を指していると考えられる。原文は「そう言われても、片桐にはわからないことだらけだった」（14 行目）である。

ℓ.18→ he could believe whatever Frog said to him

「『蛙』が彼に言ったことは何でも信じられた」、つまり、前の部分とつなげると、「（非現実的に聞こえるものの、）『蛙』が片桐に言ったことはすべて信じられる（ように感じた）」ということ。can (could) は時制の一致で過去形。whatever Frog said to him = anything that Frog said to him。him = Katagiri。原文は、「彼はなぜか、かえるくんの言うことを（〜）信用してもいいような（気がした）」（15 行目）である。原文の「なぜか」に相当する語が英訳では見当たらないが、次の文の Something にその意味合いが表れていると言える。

ℓ.19→ Something about Frog [...] had a simple honesty to it that appealed directly to the heart

直訳すれば「『蛙』の（持っている）何かには、それ自体に直接心に訴える純粋な正直さがあった」、つまり「『蛙』には何かただ正直と思える部分があり、それは人の心に直接訴えかけるものだった」ということ。Something about Frog は「『蛙』についての何か、『蛙』の持っている何か」、つまりこの場合は「『蛙』のある部分（面）」ということであり、それが何を指しているかは直後に the look on his face, the way he spoke という挿入語句によって説明され、「顔つき」や「話し方」のことであるとわかる。また、それらは「蛙」が正直であることを表していると、意味がつながる。it = something about Frog（つまり「蛙」のある一部分、「顔つき」や「話し方」のこと）。原文は「かえるくんの顔つきやしゃべり方には、人の心に率直に届く正直なものがあった」（17 行目）である。

原文に比べて英文のほうが少し複雑な作りになっている。まず、「顔つきや話し方」が文の主語としてあるのではなく、挿入語句としてある。これは Something about Frog とまず述べることで「この蛙には何だかわからないが何かがある」という印象をまずもって与えることになる。原文では、この直前に「なぜか（信用してもいいような気がした）」とあるが、この「なぜか」というニュアンスはその時点では訳されず、その「なぜか」「どうしてだか」「何だかわからないが」という印象をこの文の冒頭で表現したと考えられる。そして、その「何か」について、2 つの具体的な例が挿入語句として挙げられることになる。また、述語部分の had a simple honesty に to it が添えられるのも、「蛙」には「顔つきや話し方」のみならず、何かそれだけで正直であると思われるようなものが何かしらあることを表していると理解できる。

ℓ.21→ After years of work in [...]

「～で何年も働いた後には、～で何年も働くと（片桐は感ずる能力を持つようになった）」。年数を表す句が、この文の述語動詞の possess「持つ、手に入れる」を修飾する形になっている。なお、この部分の原文は、「～で働いてきた（片桐には、～が～として備わっていた）」（19 行目）とあり、「～で働いてきた」という部分が「片桐」を修飾する形になっている。つまり、英訳では、原文にはない「何年も」という言葉が挿入され、長年勤めることがその能力を獲得することにつながるという流れになっている。ただし、原文においても長年働いてきたということが、その能力を得るための 1 つの要素であることは示唆されているので、全体の意味に大差はないと言える。

ℓ.24→ It was all but second nature to him

「それは彼にとって第二の天性といっても同じだった、～のようなものだった」。It = the ability to sense such things。all but 〜は「ほとんど〜、あらまし〜、〜も同然」という意味。second nature は「第二の天性」(Habit is 〈a〉 second nature. 「習慣は第二の天性なり」という諺《ことわざ》に由来する決まった言い方である)。原文の「いわば第二の天性として(備わっていた)」(20 行目)の部分に相当する訳文である。「いわば」が all but で表されていると言える。また、原文では「いわば第二の天性として」と1つの文の中に組み込まれているが、英訳は2つの文に分けられている。文の長さやリズムも関係するが、ここでは「それは第二の天性のようなものだった」と、新たに切り離して文を作ることで second nature の意味を強調しているとも考えられる。

Extortionists

"I know this must be difficult for you, Mr. Katagiri. A huge frog comes barging into your place and asks you to believe all these outlandish things. Your reaction is perfectly natural. And so I intend to provide you with proof that I exist. Tell me, Mr. Katagiri, you have been having a great deal of trouble recovering a loan the bank made to Big Bear Trading, have you not?"

"That's true," Katagiri said.

"Well, they have a number of extortionists working behind the scenes, and those individuals are mixed up with the mobsters. They're scheming to make the company go bankrupt and get out of its debts. Your bank's loan officer shoved a pile of cash at them without a decent background check, and, as usual, the one who's left to clean up after him is you, Mr. Katagiri. But you're having a hard time sinking your teeth into these fellows: they're no pushovers. And there may be a powerful politician backing them up. They're into you for seven hundred million yen. That is the situation you are dealing with, am I right?"

"You certainly are."

「片桐さん、とつぜんぼくのような大きな蛙がのこのこ出てきて、こんなことを持ち出して、そのまま信じてくれと言っても、あなただってきっと困ってしまいますよね。それが当たり前の反応だとぼくも思います。ですからあなたにぼくが実在するという証拠をひとつお見せすることにします。片桐さんはここのところ、東大熊商事への融資の焦げ付きのことで苦労しておられますよね？」

「たしかに」と片桐は認めた。

「バックに暴力団がらみの総会屋がついていて、会社を計画倒産させて、借入金をちゃらにしようとしています。いわゆる借り抜けです。融資担当者がろくに調査もしないでほいほいとお金を貸してしまった。例によってそのしりぬぐいをするのは片桐さんだ。ところが今回の相手は手強《てごわ》くてなかなか歯が立たない。背後には有力政治家の存在も見えかくれしている。貸付金の総額は約7億円。そのように理解してよろしいですね」

「そのとおりです」

Translation Notes #17

ℓ.01→ I know this must be difficult for you

直訳すれば「このようなことはあなたにとって大変であるに違いないとはわかっている」、つまり「こういったことはあなたにとってさぞ大変なことだろう」。あるいは「さぞ理解しにくいことだろう」、「さぞ対処しにくいことだろう」とも受けとれる。this は、これまで「蛙」が片桐に話した話の内容とも、片桐が今置かれている状況を漠然と指しているともとらえられる。実際、その具体的な内容は次の文で説明されている。この文は一般的によく用いられる表現であり、this は漠然とそのときの状況や文脈を指して「さぞ大変なことでしょう、さぞお辛いことでしょう」という意味になる。なお、助動詞 must はこの場合「～に違いない」という意味になる。形容詞 difficult は「難しい、困難な」の意味のほかに、「大変な」などの意味にもなる。また、この文脈では「(理解することが) 困難な」、つまり「理解しにくい」、あるいは「(対処することが) 困難な」、つまり「対処しにくい」という意味にも理解できる。原文の「あなただってきっと困ってしまいますよね」(3 行目)という部分の英訳に相当する。原文ではこの前に「～がのこのこ出てきて、～を持ち出して、～と言っても、(あなただってきっと困ってしまいますよね)」とあり、片桐の置かれている状況がまず説明されている。その説明部分は比較的長く、英訳では I know this must be difficult for you というある程度決まった言い方で結論を先に述べ、その後に具体的な内容を述べるという形にして、より自然な流れを作っていると言える。

ℓ.02→ A huge frog comes barging into your place and asks you to [...]

「巨大な蛙があなたの家に勝手にあがりこみ、あなたに～してくれと頼んでいる」。片桐が現在置かれている状況を説明しているので、現在時制の文になっている。come ～ ing は文字通りには「〜しながらやって来る」という意味。your place は「あなたのいるところ」、つまり「住処《すみか》、家」。原文は「とつぜんぼくのような大きな蛙がのこのこ出てきて、(〜信じ) てくれと言っても」(1 行目) である。原文の「のこのこ出てきて」は、英訳では barging into 〜 と、以前に使われた barge in の表現をもう一度繰り返す形になっている。

ℓ.04→ to believe all these outlandish things

「こんなひどく突飛なことを信じるように (頼む)、信じてくれと (頼む)」。形容詞 outlandish は「奇異な、ひどく変わった、突飛な」。these outlandish things で「これらのひどく変わった事々」、all 「すべて」で強められている。原文の「こんなことを持ち出して、そのまま信じてくれ (と言っても)」(2 行目) に相当する。原文にはない outlandish という形容詞を添えることで、原文のたたみかけるような言い方より多少簡潔な表現になっている。

ℓ.07→ you have been having a great deal of trouble recovering a loan [...], have you not?

「あなたは貸付を回収するのにこれまで大変な苦労を抱えてきているのではないですか」。文尾に have you not が添えられ、文全体は付加疑問文の形である。「〜ではないか、〜ではありませんか」と、この場合はある程度知っている情報について、そのことを相手に確認するつもりで質問している。また、現在完了進行形 (have been having) は現在までその苦労が続いているという継続を表す。進行形によって、その状態が今のこの時点まで続いているということが含意される。recover はこの場合「取り戻す、回収する」という意味で用いられている。原文は「片桐さんはここのところ、(〜への) 融資の焦げ付きのことで苦労しておられますよね?」(6 行目) である。「焦げ付き」

については、71 ページ(10 行目)でこの表現が用いられたとき英訳では stuck to the bottom of the pan(70 ページℓ.16)という英語では聞き慣れない表現をあえて導入していたが、この部分では会話の自然な流れを尊重し、「貸付を回収する」というごく一般的な言い方になっている。

ℓ.08→ Big Bear Trading

「大熊商事」。原文は「東大熊商事」(7 行目)と「東」がついている。なお、正式には trading company で「商事会社」。

ℓ.10→ That's true

「その通り」。字義通りには「それは本当だ」ということであるが、yes の代わりによく用いられる表現。なお、「蛙」は Exactly と答えることが多い。

ℓ.11→ they have a number of extortionists working behind the scenes, and those individuals are mixed up with the mobsters

「この会社の裏にはゆすり屋が何人もいて、彼らは暴力団と関わっている」。they は特定の名詞を指しているのではなく、Big Bear Trading という会社に関わる人々や場所、つまり会社組織全体を漠然と受けていると言える。名詞 extortionist は「ゆすり屋」。もともと extortion という名詞が「ゆすり、強奪」の意味である。また、この a number of extortionists を、分詞で始まる句(working behind the scenes)が後ろから修飾している。つまり「裏で働きかけている複数のゆすり屋」ということ。なお、behind the scenes はもともと「舞台裏で」の意味であるが、このように「裏で(こそこそと)、ひそかに」という意味で用いられる決まった表現である。また、those individuals は(a number of) extortionists を指している。名詞 individual は「個人」の意味であるので、「そのような人々がそれぞれ」ということになる。be mixed up with 〜 は「(あるよからぬ人々)と関係を持つ、に関わり合う」という決まった言い方。原文の「バックに暴力団がらみの総会屋がついていて」(10行目)に相当する訳文である。つまり、この長い一文は「総会屋」という言葉の意味を説明する英文となっている。ただし、「総会」や「株主総会」そのものの説明には触れず、「裏のゆすり屋」と説明されているということである。そもそも「暴力団がらみの総会屋」というのが日本的な事情であるということなのかもしれない。

ℓ.14→ **They're scheming to make the company go bankrupt and get out of its debts**

「彼らはこの会社を倒産させ、その借入金から逃れようとたくらんでいる」。They はこの場合は「会社」を指しているのではなく、「ゆすり屋」や「暴力団」の側の人々を指している。動詞 scheme は「〜を計画する」の意味であるが、「(よくないことを)たくらむ、(陰謀を)企てる」という意味でもよく用いられる。動詞の後に to 不定詞を持ってきて「〜することをたくらむ、企てる」とすることができる。名詞 debt は「借金」であるが、debts と複数形になると「具体的な借金」、つまり「負債」や「借入金」などを指す。原文は「会社を計画倒産させて、借入金をちゃらにしようとしています」(10行目)である。またその後に続く「いわゆる借り抜けです」の文も兼ねていると考えられる。原文の「計画倒産」の「計画」を scheme という動詞で表し、その動詞を続けて「〜しようとしている」という表現にも充てている。また、原文の「借入金をちゃらに」するという英語の表現は幾つかありうるが、ここでは次の「いわゆる借り抜け」の「抜け」という意味合いも表そうと、get out of its debts という表現になっていると考えられるであろう。

ℓ.16→ **shoved a pile of cash at them**

「彼らに大金を投げ出した」。動詞 shove (発音記号:[ʃʌ́v]) は「(乱暴に)〜をぐいと押す、押しやる」という意味であるが、この場合はその投げやりでぞんざいな振る舞いを表している。「(金を)投げ出した、放り出した」という感じ。them はその前の文の主語 They をそのまま受けていると考えられるか、あるいは、会社も含めて漠然と借り入れる側を指しているととらえることもできる。原文は「ほいほいとお金を貸してしまった」(13行目)である。原文の「ほいほいと」という意味合いを、例えば「軽率に」などの似た意味を持つ副詞で表すのではなく、英語としてより自然な言葉や表現で、かつ、ある具体的なイメージを思い起こさせる(この場合は、例えば目の前に積んだ金を相手に突き出すような)表現を取り入れていると言えるであろう。

ℓ.17→ without a decent background check

「きちんとした背景のチェックをせずに、まともにバックグラウンドを調べずに」。形容詞 decent は「きちんとした、まともな、ちゃんとした」。原文は「ろくに調査もしないで」(12 行目)とある。

ℓ.18→ the one who's left to clean up after him is you, Mr. Katagiri

直訳すれば「彼の後で、きれいにするよう任されている人はあなただ、片桐さん」、つまり「彼の後始末をするのはあなたです、片桐さん」。原文は「そのしりぬぐいをするのは片桐さんだ」(14行目)である。原文の「しりぬぐい」、つまり「尻を拭う」が、英訳では「その後をきれいにする」という言い方になっている。英語として自然な言い方である。

ℓ.19→ you're having a hard time sinking your teeth into these fellows: they're no pushovers

「あなたはこのような連中にどう食らいつくべきかてこずっている、なぜなら彼らは一筋縄ではいかない連中だから」。have a hard time ～ ing = have trouble ～ ing。sink one's teeth into ～ は決まった言い方で、「～にかみつく、かぶりつく、歯を立てる」という意味。直訳すれば「連中にかみつくのに苦労している」となるが、この場合は相手の隙を狙って食らいつくイメージで、つまりどのように太刀打ちすればよいのか難儀しているという意味合いで用いられている。なお、fellow はこの場合 person の意味であるが、「～な人、やつ」というニュアンスで用いられている。この文の前半部は、原文の「なかなか歯が立たない」(15 行目) に相当する英訳と考えられる。「歯が立たない」という表現に対して、「歯(teeth)」を用いた英語の慣用表現で、ある程度似た状況を指し示す表現を用いていると考えられる。原文は「相手は手強《てごわ》くてなかなか歯が立たない」(15 行目) とあり、片桐が全く相手にかなわないような印象もあるが、その一方で英訳における片桐の印象は多少攻撃的であると言え、すきを狙って狡猾《こうかつ》に振る舞おうとしているようにも受けとれるかもしれない。

名詞 pushover は「ころりと騙されやすい人」あるいは「すぐに打ち負かされる人」などの意味。この文のように、名詞に形容詞 no が伴うと強い否定(「決して〜ない」)を表すことが多い。この後半部は、原文の「今回の相手は手強《てごわ》くて」(14 行目)に相当する英訳と考えられる。

ℓ.21→ there may be a powerful politician backing them up

「彼らを後押ししている有力な政治家が(誰か)いるかもしれない」。分詞で始まる句(backing them up)が a powerful politician を後ろから修飾している。back up 〜は「〜を後援する、支持する」など。them = these fellows (あるいは、会社も含めて借り入れる側の人間を指している)。原文は「背後には有力政治家の存在も見えかくれしている」(15 行目)である。日本語では「彼」や「彼ら」を明記する必要がないが、英語の文章では代名詞が必要であり、この段落では they (them)や you が特定の名詞を受けつつ、貸す側と借り入れる側を漠然と指す役割も持っている。

ℓ.23→ That is the situation you are dealing with, am I right?

直訳すれば「そのようなことがあなたが今対処している状況である、そうですよね」。つまり「そのような状況にいるのですよね」と確認している。deal with 〜 は「〜を処理する、〜に対処する」。原文は「そのように理解してよろしいですね」(17 行目)。

#18

Big Green Webs

Frog stretched his arms out wide, his big green webs opening like pale wings. "Don't worry, Mr. Katagiri. Leave everything to me. By tomorrow morning, old Frog will have your problems solved. Relax and have a good night's sleep."

With a big smile on his face, Frog stood up. Then, flattening himself like a dried squid, he slipped out through the gap at the side of the closed door, leaving Katagiri all alone. The two teacups on the kitchen table were the only indication that Frog had ever been in Katagiri's apartment.

The moment Katagiri arrived at work the next morning at nine, the phone on his desk rang.

大きな緑色の水掻き

かえるくんは空中に両手を大きくのばした。大きな緑色の水《みず》掻《か》きが、淡い翼のようにさっと広がった。「片桐さん、案ずることはありません。このかえるくんにまかせて下さい。明日の朝には問題はすべて解決しています。安心してお休みなさい」

かえるくんは立ち上がり、にっこりと微笑《ほほえ》み、するめみたいに平べったくなって、閉じたドアの隙間《すきま》からするすると出ていった。片桐はひとりで部屋の中に取り残された。テーブルの上に湯飲みが二つ残っていたが、それ以外にかえるくんが部屋に存在したことを示すものはなかった。

翌朝9時に出社すると、すぐに彼の机の上の電話が鳴った。

Translation Notes #18

ℓ.01→ Frog stretched his arms out wide

「『蛙』は両腕を大きく伸ばした」。stretch out は「（手足などを）伸ばす」。語順としては stretch out his arms でもよい。両腕を wide な状態に伸ばしたということで、文の形としてはいわゆる第 5 文型〈Frog（主語）+ stretched out（動詞）+ his arms（目的語）+ wide（補語）〉である。原文は「かえるくんは空中に両手を大きくのばした」（1 行目）である。原文は「両腕」ではなく「両手」である。「両腕」でも「両手」でも、原文と英訳でそのイメージにほとんど差はないと言えるが、原文は水掻きが広がる様子に焦点を当てるために「両手」となっている印象を受ける一方で、英訳では「腕を伸ばし、そして水掻きが開いた」とその動作が段階的に描写されている印象でもある。

ℓ.01→ his big green webs opening like pale wings

「彼の大きな緑色の水掻きが淡い翼のように広がった」。文法的には独立分詞構文として説明される形であるが、意味を理解するにはこの前に with（「～を持って、～の状態で」）が省略されている（= with his big green webs opening [...]）と考えるとよいであろう。いわゆる付帯状況のような役割を持つが、この句全体でこの文の主語（「蛙」）の様子を説明している。「水掻きが翼のように広がった状態で両腕を伸ばした」ということになるが、文の流れとしては「両腕を伸ばすと、水掻きが翼のように広がった」ということになる。なお、形容詞の pale は「青白い、淡い」の意味。原文は一文として独立し、「大きな緑色の水《みず》掻《か》きが、淡い翼のようにさっと広がった」（1 行目）である。英訳は全体を 1 つの文でまとめ、段階的な動作を表すとともに、できるだけシンプルな一文として詩的な表現が意識されているとも考えられる。

ℓ.05→ old Frog will have your problems solved

「この私、『蛙』があなたの問題を(すべて)解決してしまおう、解決してあげよう」。old Frog は親しみを込めた呼び方である。「蛙」は自分が頼もしい存在であるということを片桐にわかってもらおうと、わざと自分のことをそう呼んでいる。このように old の後に人の名前を持ってきたり、あるいは old man や old fellow などという言い方は親しみを表すためのものであり、主に男性を対象にした言い方と言える。なお、この old はあえて訳せば「古くからの、なじみの」という意味合いで、「年老いた」という意味ではない。また、構文「have+ 目的語 + 動詞の過去分詞」は、使役や受身などいくつかの意味になるが、この場合は文脈から「(目的語)を〜してしまう、〜の状態にしておく」という意味である。なお、problems と複数形になっているので「抱えている問題を全て」ということになる。原文は「(明日の朝には)問題はすべて解決しています」(4 行目)である。なお、原文ではこの前の文に「このかえるくんにまかせて下さい」(3 行目)とあり、「このかえるくん」というニュアンスを英訳では old Frog で表し、この文の主語として反映させたということになる。

ℓ.06→ have a good night's sleep

「一晩ゆっくり寝てください」。決まった表現。原文は「お休みなさい」(5 行目)。

ℓ.07→ With a big smile on his face

「にっこりと微笑みながら(『蛙』は立ち上がった)」。原文の「にっこりと微笑《ほほえ》み」(6 行目)を表すのに、英訳では形容詞の big を用いている。英語では基本的に、「にっこり」も「微笑み」も smile で表されるが、この場合は「蛙」の大きな口と「にっこりと(笑う)」というイメージの両方を担って、a big smile となっている。

ℓ.08→ flattening himself like a dried squid

「干したイカのように平べったくなり（『蛙』はするりと出ていった）」。分詞構文の形。分詞（flattening）で始まる句が、その後の述語動詞（slipped out）で表される「蛙」の様子について、その状況の説明を加えている。動詞 flatten は「～を平たくする、～をぺしゃんこにする」の意味。形容詞 dried は「干した、干物の」。名詞 squid は「イカ」。原文は「するめみたいに平べったくなって」（6 行目）である。「するめ」は欧米ではほとんどなじみがないものであり、英訳では「干したイカ」としていわば説明的な英語となっている。おそらく「イカ」そのもののイメージもはっきりとあるわけではなく、a dried squid は何か干した化け物ぐらいのイメージととらえられるものかもしれない。

ℓ.08→ he slipped out through the gap at the side of the closed door, leaving Katagiri all alone

「彼（『蛙』）は閉じたドアの横の隙間からするりと出ていき、片桐を一人きり（部屋に）残した」。つまり、「蛙」は「干したイカ」のように平べったくなって閉じたドアの隙間からするすると出ていき、片桐一人が部屋に残されたということ。動詞 slip は「滑る」の意味のほかに、「滑るように動く」という動作も表す。この場合は、slipped out through the gap とあるので「隙間からするりと抜け出た、するすると出ていった」という状況を表す。名詞 gap は「裂け目、割れ目」以外にも、このように「隙間」というわずかな空間を指すこともできる。at the side of the closed door は「閉じたドアの横側にある（隙間）」ということで the gap を修飾している。また、leaving Katagiri all alone は分詞構文の形で、その前の述語動詞（slipped out）で表される様子について、さらに補足的な説明を加えている。この場合は he slipped out [...] the closed door and left Katagiri all alone というつながりで読むことができる。この leave は「～を置いておく、～を後に残す」の意味。原文には「閉じたドアの隙間《すきま》からするすると出ていった。片桐はひとりで部屋の中に取り残された」(7 行目)とある。

原文はただ「閉じたドアの隙間」とあるが、英訳では「閉じたドアの横の隙間」となっている。英訳では、立ち上がった「蛙」がそのまま縦に平べったくなり、ドアの横の隙間からするすると抜け出る様子が明確にイメージされるように、原文にはない「横の」という表現を加えたと考えられる。原文ではそれが明示されていないために、読者によってはドアの下の隙間からするりと抜け出るイメージを持つこともあるかもしれない。英訳においては、もともと a dried squid のイメージが日本人ほど明瞭なものではないため、この突拍子もないイメージを少しでも具体化するために、論理的に考えられる説明を加えたということかもしれない。

ℓ.11→ the only indication that Frog had ever been in Katagiri's apartment

「(2 つの湯飲みが)『蛙』が片桐のアパートにこれまでいたのだという唯一のしるし(だった)、～ということを唯一指し示すもの(だった)」。名詞 indication は「～を指し示すこと」、つまり、ある「しるし、兆候」のこと。その後に that 節を用いてその内容を明示することができる(「同格」の that 節)。その that 節の中が過去完了の形(had been)になっているのは、「これまでは(その場に)いた」と、この過去の時点より以前の状態を表すから。ever はこの場合強調で、「これまで確かにいた」というニュアンスになる。原文は「それ以外にかえるくんが部屋に存在したことを示すものはなかった」(9 行目)である。

#19

Big Bear Case

“Mr. Katagiri,” said a man’s voice. It was cold and businesslike. “My name is Shiraoka. I am an attorney with the Big Bear case. I received a call from my client this morning with regard to the pending loan matter. He wants you to know that he will take full responsibility for returning the entire amount requested by the due date. He will also give you a signed memorandum to that effect. His only request is that you do not send Frog to his home again. I repeat: he wants you to ask Frog never to visit his home again. I myself am not entirely sure what this is supposed to mean, but I believe it should be clear to you, Mr. Katagiri. Am I correct?”

“You are indeed,” Katagiri said.

“You will be kind enough to convey my message to Frog, I trust.”

“That I will do. Your client will never see Frog again.”

“Thank you very much. I will prepare the memorandum for you by tomorrow.”

“I appreciate it,” Katagiri said.

The connection was cut.

東大熊商事の件

「片桐さん」と男が言った。事務的で冷ややかな声だった。「私は東大熊商事の件を担当している弁護士の白岡です。今朝ほど依頼人から連絡がありまして、今回懸案になっております借入金の件につきましては、そちらの要求通りの金額を、責任を持って期日内に返済するということでした。それについては念書も入れます。だからもうかえるくんをうちによこさないでほしいということでした。繰り返しますが、もううちに来ないようにかえるくんに頼んでほしい、ということでした。私にはそのあたりの細かい事情がもうひとつよく理解できないのですが、それで片桐さんはおわかりになりましたでしょうか？」

「よくわかりました」と片桐は言った。

「私の申し上げましたことを、かえるくんにちゃんと伝えていただけますね」

「間違いなくかえるくんに伝えておきます。かえるくんはもうそちらには現れません」

「けっこうです。それでは念書は明日までに御用意いたします」

「よろしく」と片桐は言った。

電話が切れた。

Translation Notes #19

ℓ.01→ said a man's voice

「ある男の声が(で)言った」。英語では a (the) voice said や a (the) voice cried など、「声」を主語にして「ある声が言う、叫ぶ」などの言い方ができる。原文は「～と男が言った」(1 行目)とだけあり、その直後に「事務的で冷ややかな声だった」(1 行目)と続く。英訳では先に「ある声が言った」としてから、その「声」を it で受け、It was cold and businesslike としている。

ℓ.06→ He wants you to know that [...]

直訳すれば「彼(依頼人)は～ということをあなたに知ってもらいたがっている」、つまり「依頼人は～ということをあなたに伝えたく思っている、依頼人によると～ということだ」ということ。「want + (目的語) + to 不定詞」=「(目的語)に～してもらうことを望む、～してもらいたいと思う」。原文の日本語はこのような構文をとっていない。簡単に「(～返済する)ということでした」(6 行目)と伝聞の形である。英語で事務的な用件や伝言を伝える場合、誰が誰に何を要求しているかということを明確に伝えることがまずもって重要であり、日本語の表現より直接的な表現を用いる傾向があるということは一般的に言えるかもしれない。しかしながら、この文よりもっと丁寧な表現にすることももちろん可能であり、この場合は依頼人サイドの片桐に対する強い要求を表しているとも言える。

ℓ.10→ His only request is that you do not send Frog to his home again

「彼(依頼人)の唯一の要求は、『蛙』を彼の家に二度と送らないでほしいということである」、つまり「依頼人からの要求は、二度と自分の家に『蛙』を送ってよこさないでほしいということだけである」。request を主語にしたこの文において、その補語にあたるthat節内の動詞にはshouldの意味（「～するべきだ」）が含まれていると言える（= His only request is that you should not send Frog to his home again）。この文の原文は「だからもうかえるくんをうちによこさないでほしいということでした」（7行目）である。引き続き「～ということでした」と伝聞の形を用いているが、英訳ではやはり誰が何を要求しているかを明確に、直接的に伝える表現となっている。また、原文では「だから～よこさないでほしい」と、「だから」という接続詞を用いてその後に要求の内容を明示し、そうすることでその要求をやや強引に押し通そうとしている感があるが、そのニュアンスを英訳ではHis only requestと始めることで、「彼の側から唯一お願いすることは～だけである（だから確実にお願いしたい）」と表現していると言える。なお、原文の「うちによこさないで」の「うち」は依頼人の自宅とも会社とも受け取れる表現であるが、英訳ではhis homeと「依頼人の家」に特定されている。

ℓ.13→ I myself am not entirely sure what this is supposed to mean

直訳すれば「私自身はこのことが何を意味するものなのか全く確信があるわけではない」、つまり「これが一体どのようなことを指しているのか私自身ははっきりとは（よくは）わからない」ということ。再帰代名詞のmyselfは主語のIを強調している。副詞entirelyは「全く、すっかり」、not entirelyで部分否定となり、「全く～というわけではない、完全に～というわけではない」。I am not sureの後にはif節や間接疑問文を持ってきて「～かどうか確信がない」、「何（誰、どれ）が～である（する）のか確信がない」などの意味になる。この場合はwhat this is supposed to meanという間接疑問文の形を持ってきている。「be supposed + to不定詞」=「～することになっている、～するものと考えられている、当然～であるとされている」。この文脈ではただ what this means とすることも可能であるが、その場合は客観的に「このことが何を意味するのか」ということを表す。一方、what this is supposed to mean は、当事者の間で「このことが何を意味するものとされているのか」ということを表す。原文には「私にはそのあたりの細かい事情がもうひとつよく理解できない」（10 行目）とある。「そのあたりの細かい事情」という表現は、仕事などの会話でよく耳にする文句の一つであると言えるかもしれないが、この多少持って回った日本語の表現をそのまま英訳すると長々しくなる可能性がある。ここでは英語としてシンプルで自然な流れの表現を用いており、また日本語における微妙な意味合いは、「それは当事者だけでわかるようなこと」といったニュアンスを出すことで表されているとも言える。原文の全体の意味が適切に表現されていると言える。

ℓ.14→ I believe it should be clear to you

直訳すれば「きっとあなたには明らかなことであるはずだと私は信じる」、つまり「きっとあなたにははっきりしていることなのだろう」ということ。believe の後に接続詞の that が省略されている。助動詞 should はこの場合「〜のはずだ」という意味。原文は「それで片桐さんはおわかりになりましたでしょうか?」（11 行目）である。原文は片桐の立場に立った言い方であり、相手に対する丁寧な言葉遣いでもある。一方、英訳は I believe と始まり、話し手の側の主張や主観を明確に伝える言い方であり、この後には Am I correct? 「私の言っていることは正しいですか?」という、原文にはない表現が続いている。原文も英訳の文もともに、仕事上の実務的な会話としては自然な表現、言葉遣いであると言えるであろう。日本語ではより相手に対する敬意が示され、英語ではより話し手の主張が明確に示される傾向があると言えるかもしれない。

ℓ.16→ You are indeed

= You are indeed correct　直訳すれば「あなた（の言っていること）は誠に正しい」、つまり「その通りだ」ということ。原文では「よくわかりました」（13 行目）と答えている。原文では片桐は「おわかりになりましたでしょうか?」(11行目)と聞かれているので、そのように答えている。

ℓ.17→ You will be kind enough to convey [...]

直訳すれば「あなたは〜を伝えてくれるほど十分に親切であろう」ということであるが、「You will be kind enough + to 不定詞」という表現は一般的に用いられ、平叙文として事実を述べているというよりは、この形で「(ご親切に)〜していただけませんか」、あるいは「きっと〜していただけますよね」という意味で用いられることが多い。原文は「ちゃんと伝えていただけますね」(14行目)である。

ℓ.19→ That I will do

= I will do that「必ずそうします」。do that = convey your message to Frog。この that を文頭に置くことで、メッセージを必ず「蛙」に伝えることが強調されると同時に、相手の言ったことにそのまま従うということも強調され、そのためにかしこまった表現にもなる。原文は「間違いなくかえるくんに伝えておきます」(16行目) である。この会話において片桐は相手の要求を従順に受けとめ、またそれを間違いなく理解していることを相手に伝えるように、You are indeed (correct). や That I will do. など数少ない言葉で相手のメッセージをそのまま繰り返しているようでもある。過不足ない表現で事務員らしい言葉遣いと言えるであろう。一方、原文では「よくわかりました」(13行目)、「間違いなく〜伝えておきます」と日本語らしい丁寧な言葉遣いが続いている。

ℓ.24→ The connection was cut

「通信が途絶えた」。名詞 connection はこの場合、「電話の回線、接続、通信」の意味。原文の「電話が切れた」(21行目)に相当する英訳である。英訳はむしろ原文の意味をそのまま訳出した表現であると考えられ、英語としてこのような表現はあまり一般的ではない。通常は人を主語にして例えば He hung up the phone. などと言う。

Brussels Sprouts

Frog visited Katagiri in his Trust Bank office at lunchtime. "That Big Bear case is working out well for you, I presume?"

Katagiri glanced around uneasily.

"Don't worry," Frog said. "You are the only one who can see me. But now I am sure you realize that I actually exist. I am not a product of your imagination. I can take action and produce results. I am a real, living being."

"Tell me, Mr. Frog — "

"Please," Frog said, raising one finger. "Call me 'Frog.' "

"Tell me, Frog," Katagiri said, "what did you do to them?"

"Oh, nothing much," Frog said. "Nothing much more complicated than boiling Brussels sprouts. I just gave them a little scare. A touch of psychological terror. As Joseph Conrad once wrote, true terror is the kind that men feel toward their imagination. But never mind that, Mr. Katagiri. Tell me about the Big Bear case. It's going well?"

Katagiri nodded and lit a cigarette. "Seems to be."

芽キャベツ

その日の昼休みにかえるくんが信用金庫の片桐の部屋にやってきた。「どうですか。東大熊商事のことはうまくいったでしょう」

片桐はあわててまわりを見回した。

「大丈夫。ぼくの姿は片桐さんにしか見えません」とかえるくんは言った。「でもこれでぼくが実在していることは理解していただけましたね。ぼくはあなたの幻想の産物ではありません。現実に行動し、その効果をつくり出します。生きた実在です」

「かえるさん」と片桐は言った。

「かえるくん」とかえるくんは指を一本立てて訂正した。

「かえるくん」と片桐は言い直した。「あなたは彼らに何をしたんですか？」

「たいしたことは何もしちゃいません。ぼくがやったのは、芽キャベツを茹でるよりはいくぶん手間がかかるかな、という程度のことです。ちょっと脅したんです。ぼくが彼らに与えたのは精神的な恐怖です。ジョセフ・コンラッドが書いているように、真の恐怖とは人間が自らの想像力に対して抱く恐怖のことです。でもどうですか、片桐さん、ことはうまく運んだでしょう」

片桐はうなずいて煙草《たばこ》に火をつけた。「そのようですね」

ℓ.02→ That Big Bear case is working out well for you

「あの大熊商事の件はあなたにとってうまくいっている」。work out well はよく使われる決まった表現で、「(物事が)うまくいく、(問題が)解決する、(ある方法の)効果が出る」などの意味になる。現在進行形(is working out)に注意。借入金の回収に向けて事がうまく進んでいる状態を表している。原文は「東大熊商事のことはうまくいった(でしょう)」(2行目)である。原文に合わせて That Big Bear case has worked out well と現在完了形にすると「完了」の意味になり、その場合は借入金の回収が終わり、問題のすべてが解決した状態を表すことになる。

ℓ.03→ I presume

「〜と思いますが」。動詞 presume は「推定する、推測する、〜と思う」の意味であるが、このように文尾に置かれ、「〜と思うのですが」、「〜ではありませんか」といったニュアンスを添えることができる。例えば I guess も同じように文尾に置かれ同じニュアンスを添えるが、presume はより改まった丁寧な言い方になる。「蛙」の改まった言葉遣いにふさわしいと言えるが、この場合は少し気取った感じでもある。原文にはこれにぴったり該当する表現はないが、「どうですか。(〜うまくいった)でしょう」(2行目)という言い方の雰囲気に近いと言える。

ℓ.05→ Katagiri glanced around uneasily

「片桐は不安そうにあたりをちらっと見まわした」。動詞 glance は「ちらっと見る」。この場合は副詞の around を伴い、「あたりをちらっと見る、さっと見回す」の意味になる。副詞 uneasily は「不安げに、そわそわして」の意味。原文は「片桐はあわててまわりを見回した」(4行目)である。原文は「あわてて」とあるが、この場合は片桐が実際にあわてふためいているというよりは、片桐の不安な気持ちを表している言葉でもある。従って、英訳では行為ではなく内面を表す uneasily という言葉を用いていると言える。また、glance という動詞の「ちらっと見る」行為に原文の「あわてて」の意味が重なるとも言え、合わせて原文に忠実な訳であると言えるであろう。

ℓ.08→ a product of your imagination

「あなたの想像の産物」。原文は「あなたの幻想の産物」(7行目)である。英語では a product of one's imagination という言葉の組み合わせがごく自然であり、よく用いられる表現でもある。

ℓ.09→ produce results

「(いくつもの)成果を生み出す、結果を生ずる」。原文は「その効果をつくり出します」(8 行目)である。原文は「効果」とあり、「効き目」「結果」「成果」など幅広い意味でとらえられるが、英語ではもともと produce a result という言葉の組み合わせが自然な形であり、よく用いられる表現でもある。

ℓ.10→ I am a real, living being

「私は本当の生き物である」、あるいは「私は生きた現実の存在である」。living being は「生きた存在、生物」、real being は「現実の存在、実在」。原文は「生きた実在です」(9行目)。

ℓ.16→ Nothing much more complicated than boiling Brussels sprouts

「芽キャベツを茹でる(こと)ほど複雑なことはたいしてやっていない」。直前の(I did) nothing much を受けて、さらに説明を加えている。more complicated than 〜は「〜より複雑な」

という比較級の表現。肯定文であれば(something more complicated than 〜)「〜より複雑なこと(をした)」となるが、この場合は nothing much という否定形と組み合わせて「(私は) 〜ほど複雑なことは(たいしてしなかった)」の意味になる。Brussels sprouts は「芽キャベツ」。原文は「ぼくがやったのは、芽キャベツを茹でるよりはいくぶん手間がかかるかな、という程度のことです」(15 行目)である。つまり、「やったことは芽キャベツを茹でることとたいして変わらない」ということであるが、表現法としては原文と英訳では方向性が異なる。原文は「芽キャベツを茹でる」という何か難しい行為(あるいは作業)よりほんの少し複雑なことを行ったと述べているが、英訳は「芽キャベツを茹でる」という難しいことまではやっていないと述べている。なお、「芽キャベツ」はイギリスなどではよく食され、身が詰まって固く、茹でるのに多少の時間がかかり、またアクや匂いが強いとされている。従って、欧米ではこの風変わりな表現にある程度具体的なイメージを持つということがあるかもしれない。なお、英語で料理の「手間がかかる」と言うとき、その手順が大変であるという場合には、「手順が込み入った」という意味で complicated という形容詞がよく用いられる。

ℓ.18→ A touch of psychological terror

「ちょっとした心理的恐怖」。a touch of 〜は「〜の気味、少量の〜、ちょっとした〜」の意味。touch という本来手触りの感覚を表す言葉を用いることで、例えば a bit of 〜 や a little of 〜 などの表現と比べると、この物柔らかでどこか紳士的な物言いが、かえって事の不気味さを暗示させるようでもある。それに比べて原文は「ぼくが彼らに与えたのは精神的な恐怖です」(18 行目)とあり、どちらかというと理屈っぽく抽象的な言い方であると言えるかもしれない。ちなみに原文の「ぼくが彼らに与えた」という構文は、この一文前の I just gave them a little scare という構文に反映されていると言える。なお、「恐怖」について、英語では horror and terror と対になった概念があるほど、それぞれの単語に微妙な相違がある。一般的に、terror はある極度の恐怖の感覚であり内面から引き起こされる感覚とされ、また horror はある事物を見た後に感じる恐怖や嫌悪感であり外面から得られる感覚とされる。

ℓ.21→ never mind that

「そのことは気にするな」。この文脈では「そんなことはさておき」という意味合いでもある。動詞 mind は「気にする」の意味であり、never mind で「気にするな、心配するな」という決まった言い方。この場合は目的語の that が後ろにきている形である。that は「蛙」が言及した「脅し」の話や「真の恐怖」のくだりを指していると考えられる。原文にはこれに対応する文が見当たらないが、「でもどうですか」(20 行目)と「かえるくん」が話を切り替えている状況を表すのに、原文にはない一文がつけ加えられたと考えられるであろう。

ℓ.22→ Tell me about the Big Bear case. It's going well?

「大熊商事の件を話してください、うまくいっていますか」、「大熊商事のことはどうですか、うまくいっているでしょう」。Tell me ～という表現や、It's going well? と質問することによって、形式的には「大熊商事」のことを聞き出しているという体裁であるが、ここではあらかじめわかっていること(つまり、大熊商事の件がうまくいっていること)をわざわざ聞くことで、「蛙」はそれが自分の手柄であることを強調しているようでもある。このように、Tell me ～は文脈によりニュアンスが様々に異なる表現であると言える。原文は「どうですか、(片桐さん、)ことはうまく運んだでしょう」(20 行目)とあり、相手に確認する言い方となっている。

#21

Lonely Battle

"So, then, have I succeeded in gaining your trust with regard to the matter I broached to you last night? Will you join me to fight against Worm?"

Sighing, Katagiri removed his glasses and wiped them. "To tell you the truth, I'm not too crazy about the idea, but I don't suppose that's enough to get me out of it."

"No," Frog said. "It is a matter of responsibility and honor. You may not be too 'crazy' about the idea, but we have no choice: you and I must go underground and face Worm. If we should happen to lose our lives in the process, we will gain no one's sympathy. And even if we manage to defeat Worm, no one will praise us. No one will ever know that such a battle even raged far beneath their feet. Only you and I will know, Mr. Katagiri. However it turns out, ours will be a lonely battle."

Katagiri looked at his own hand for a while, then watched the smoke rising from his cigarette. Finally, he spoke. "You know, Mr. Frog, I'm just an ordinary person."

"Make that 'Frog,' please," Frog said, but Katagiri let it go.

孤独な闘い

「それでは昨夜ぼくが言ったことを信じていただけますか？　ぼくと一緒にみみずくんと闘ってくれますか？」

片桐は溜息《ためいき》をついた。そして眼鏡をはずして拭《ふ》いた。

「正直なところあまり気は進まないけれど、だからといってそれを避けることはできないのでしょうね」

かえるくんはうなずいた。「これは責任と名誉の問題です。どんなに気が進まなくても、ぼくと片桐さんは地下に潜って、みみずくんに立ち向かうしかないのです。もし万が一闘いに負けて命を落としても、誰も同情してはくれません。もし首尾良くみみずくんを退治できたとしても、誰もほめてはくれません。足もとのずっと下の方でそんな闘いがあったということすら、人は知らないからです。それを知るのは、ぼくと片桐さんだけです。どう転んでも孤独な闘いです」

片桐は自分の手をしばらく眺め、煙草からたち上る煙を眺めていた。それから言った。「ねえ、かえるさん。私は平凡な人間です」

「かえるくん」とかえるくんは訂正した。でも片桐はそれを無視した。

Translation Notes #21

ℓ.01→ have I succeeded in gaining your trust [...]

「あなたの信頼を得ることに私は成功しましたか、成功したでしょうか」。succeed in ～は「～に成功する」。前置詞 in の後なので、動詞 gain は動名詞（gaining）の形になる。原文はただ「（～を）信じていただけますか」（1 行目）とある。英訳では、「蛙」は引き続き「大熊商事」の件が自分の手柄であるということを誇示するかのように、succeed「成功する」や gain「獲得する」という動詞を用いているようにもとらえられる。

ℓ.02→ the matter I broached to you last night

「昨晩私があなたに持ち出した事柄」。動詞 broach はもともと「（樽の）口を開ける」の意味であるが、この場合は「（話の）口火を切る、（話や考えを）切り出す」の意味である。原文は「昨夜ぼくが言ったこと」（1 行目）である。

ℓ.03→ Will you join me to fight against Worm?

直訳すれば「あなたは私が『みみず』を相手に闘うことに参加してくれますか」、つまり「私と一緒に『みみず』と闘ってくれますか」。動詞 join を用いることで、「あなたが私に与《くみ》する」という感じがよりはっきり表れていると言える。

ℓ.05→ Sighing, Katagiri removed his glasses and wiped them

「片桐はため息をつき、眼鏡を外してそれを拭いた」。動詞 sigh「ため息をつく」を分詞の形にして文頭に持ってきている。いわゆる分詞構文であり、その後に続く述語動詞（removed and wiped）で表される片桐の行動について、その状況の説明を加えている。この場合「ため息をつきながら、眼鏡を外して拭いた」という意味にとらえられる。あるいは、「まずため息をつき、そして眼鏡を外して拭いた」と片桐の行動を順に説明しているともとらえられる。なお、原文では「片桐は溜息《ためいき》をついた。そして眼鏡をはずして拭《ふ》いた」（4 行目）と 2 つの文に分かれている。返事を迫られた片桐が困惑して、まずため息をついたという状況である。英訳で原文と同じように 2 つの単文を並べると、文体としてはやや単調でぎこちなくなると言えるであろう。分詞構文を用いることでよりすっきりとして洗練された 1 つの文となり、かつ原文と同じように片桐の行為を順に説明することができる。ただし、その一方で、原文における 2 つに分けられた文がもたらす効果が薄れていると言えるかもしれない。つまり、分詞構文の形によって「ため息をつく」という行為の重みは多少軽くなっているということがあるかもしれない。分詞構文にすることで、それ自体単独の行為ではなくなり、その他の行為との連続性や同時性の上にある行為となり、特に目立つものではなくなっているとも考えられる。なお、片桐はこの後で「もう一度深いため息」をつくが、それは英訳では Katagiri sighed again, more deeply this time.（168 ページ、ℓ.1）「片桐はもう一度、今度はもっと深いため息をついた」と、「もっと」ため息の度合が深くなっている。英訳では片桐にとって事が段々と深刻になっていく状況が描かれていると言えるかもしれない。

ℓ.06→ I'm not too crazy about the idea

直訳すれば「私はその考えについてあまり夢中になってはいない」、つまり「私はあなたの考えにはそれほど乗り気ではない」ということ。not too ～は「さほど～ない、あまり～ない」。be crazy about ～は「～に夢中になって、熱狂して、はまって」という決まった言い方。口語表現であり、友人同士で使うようなくだけた言い方でもある。片桐は「蛙」の存在や発言に慣れてきて少し打ち解けてきたと言えるかもしれない。原文は「あまり気は進まないけれど」(5行目)である。

ℓ.09→ “No,” Frog said

「『そうですね』と『蛙』は言った」。片桐が「それだけでは逃れられないだろう」と言ったことに対して、「そう、逃れられません」と答えている。つまり、No = No, you cannot get out of it。英語では事実を述べるその文全体が否定文であれば、no で答えることになる。原文は「かえるくんはうなずいた」(7行目)。日本語では片桐の発言に対して「そう、その通りである」と同意する意味で「うなずく」ことになるが、それを英語で Frog nodded とすると、肯定の Yes の意味に、つまり Yes, you can get out of it と返答したと受け取られる可能性がある。

ℓ.10→ You may not be too ‘crazy’ about [...]

「あなたはそれほど『乗り気』ではないのかもしれない」。片桐の発言をそのまま繰り返している。crazy の引用符はその繰り返しであることを表していると同時に、言外には「crazy」でなくてもよいから(「夢中・熱中」とまでは言わなくても)引き受けなくてはならないということを示唆しているようでもある。原文は「どんなに気が進まなく(ても)」(8行目)。原文は片桐の言葉を繰り返しているというよりは「たとえどんなに嫌でも」というニュアンスである。英訳のほうが多少控えめな表現であり、そのため是が非でも引き受けてほしいということが crazy の引用符に込められているようにもとらえられるであろう。

ℓ.11→ but we have no choice: [...]

「しかし私たちには他の選択肢がない、つまり〜するしかない」、「しかし私たちは〜するしかないのだ」。have no choice は決まった言い方。原文にはこのような「他に選択肢はない」という文句はないが、原文の「どんなに気が進まなくても、〜立ち向かうしかない」(8行目)というかなり強い表現を表すには、英訳ではこの前の文が多少控えめな表現となっていることもあり、この一文をつけ加えることが必要であると考えられる。

ℓ.12→ If we should happen to lose our lives in the process, we will gain no one's sympathy

「ひょっとして万が一私たちがその途中で命を落とすことがあったとしても、私たちは誰の同情も得ることはないだろう」。should をこのように条件節(特に仮定法の条件節)に用いる場合は、実際に起こる可能性が非常に少ないときである。「もし万が一～ならば、…するだろう」、「もしかして～ということがあれば(あったとしても)、…だろう」という意味。この文では should の後に happen to という形が続くことで、その実現性の少なさをさらに強調している。動詞 gain は「～を得る、獲得する」。「～の同情を得る、～から同情される」というときには、gain や win など「勝ちとる」という意味の動詞がくることが多い。原文は「もし万が一闘いに負けて命を落としても、誰も同情してはくれません」(10 行目)である。原文は「闘いに負けて命を落とす」だが、英訳では「闘いの途中で命を落とす」となっている。「ひょっとして命を落とす」ことはあるかもしれないが、「ひょっとして闘いに負ける」とは考えたくないということなのかもしれない。

ℓ.15→ No one will ever know that [...]

「誰も～ということを決して知ることはないだろう」。副詞 ever によって「決して～ではない」と強調している。原文は「(～ということすら、)人は知らないからです」(13 行目)である。「人は知らないから」と理由を示す表現であるが、この英訳でもあえて因果関係を示す表現は用いられていない。原文では「人は闘いの事実を知らないから、誰も同情してくれないしほめてもくれない」という流れであるが、英訳では no one's ～ 、no one will ～ と、「誰も～してくれない」という事実のみを伝える文を繰り返し述べている。そのほうが、より重みがあり迫力がある発言になると言えるであろう。

ℓ.18→ However it turns out, [...]

「事態がどのようになろうとも、～である」。however は程度を表す。この用法の however は複合関係詞と言われ、2

つの文をつなぐ接続詞の役割も持ち、「どんなに〜であろうとも、…である」と帰結の文を導く。また、この文のように後ろに形容詞や副詞を伴わないこともある。その場合は「〜がどのようであっても(どんなやり方であろうとも)」の意味であり、however は様態や方法を表す。この文の場合、直訳すると「事態がどのように進もうとも」となる。原文は「どう転んでも」(15 行目)である。

ℓ.18→ ours will be a lonely battle

「私たちの闘いは孤独なものとなるであろう」。もともとの形は our battle will be a lonely one であるが、この文のように所有代名詞(ours)を主語に置き、もともとの主語である名詞を後ろに持ってくる表現は、より詩的で文語的な表現とされる。原文は「(どう転んでも)孤独な闘いです」(15 行目)である。この短くシンプルな表現によって孤独であるということが強調されているが、英訳においても詩的な表現を用いて、核となる a lonely battle という名詞句を後ろに置くことで、やはり孤独感を際立たせていると言える。

ℓ.21→ watched the smoke rising from his cigarette

「自分の煙草から煙が上っていくのを見た、煙草の煙が立ち上るのを見ていた」。「watch +目的語+現在分詞」=「(目的語)が〜しているところを見る、じっと見る」。watch は知覚動詞。なお、「現在分詞」の代わりに「動詞の原形」を用いても、この場合はそれが表す状況に大差はないと言えるが、一般的には次のような違いがある。現在分詞を用いる場合は、その行為が行われている最中であり、その途中を見ている状態。動詞の原形を用いる場合は、その行為の初めから終わりまで、その全体を見ている状態。この場合は、片桐は考え事をしながら煙草の煙が上るのを漠然と見つめていたという状況であり、現在分詞を用いるほうがよりふさわしいと言えるであろう。原文は「煙草からたち上る煙を眺めていた」(16 行目)である。

ℓ.22→ Finally, he spoke

「ついに、彼(片桐)は切り出した」。副詞 finally は「最後に」

の意味のほかに、「ついに、ようやく」の意味もある。原文は「それから言った」(17 行目)。原文はこのシンプルな言い方と「それから」という言葉によって、片桐が意を決して発言するまでの、ある間《ま》が表現されていると言える。一方、英訳では finally という副詞を用いることで、片桐がしばらく考えた後に、ついにその静けさを破って話し出したという状況が表されていると言えるであろう。

ℓ.24→ Make that 'Frog,' please

「『蛙』にしてください、『蛙』に変えてください」。動詞 make は「〜にさせる」の意味、使役を表す。ただし、make that 〜や make it 〜という言い方は、日常会話で何か変更してもらったり、訂正したりするときによく用いられる表現でもある。例えば食べ物や飲み物を注文する際、他の人が注文したものと同じものを頼むときに Make that two.(「それを 2 個に変更してください」、つまり「それと同じものをください」)と言ったりする。この部分の原文は「『かえるくん』(とかえるくんは訂正した)」(19 行目)と相変わらず以前と同じ表現を用いている。英訳はこれまで Call me "Frog" という表現を用いてきたが、ここでは異なる言い方に変えている。

ℓ.25→ Katagiri let it go

「片桐はそれを流した、そのまま流した、それを無視した」。let 〜 go (let go 〜)はこの場合、「〜を念頭から追いやる」といった意味。let はこの形で過去形でもある。it は「蛙」が言ったことを指す。つまり、この文脈では「『蛙』の言ったことを念頭に留めずに無視した」ということ。原文は「片桐はそれを無視した」(19 行目)。この文を Katagiri ignored it とすることも可能であるが、その場合はかなり強い意味になる。動詞 ignore は基本的に「〜を故意に無視する」という意味であり、ここで用いると、片桐が強い意志をもって「蛙」の言ったことを無視したという意味合いになる。しかし、この場合は後の文脈からわかるように、片桐は気分が多少高揚してきて、何か言いたいことがあって思わず無視したという状況であるので、let it go という表現のほうが適切であると言えるであろう。

Absolutely Ordinary Guy

“I’m an absolutely ordinary guy. Less than ordinary. I’m going bald, I’m getting a potbelly, I turned forty last month. My feet are flat. The doctor told me recently that I have diabetic tendencies. It’s been three months or more since I last slept with a woman – and I had to pay for it. I do get some recognition within the division for my ability to collect on loans, but no real respect. I don’t have a single person who likes me, either at work or in my private life. I don’t know how to talk to people, and I’m bad with strangers, so I never make friends. I have no athletic ability, I’m tone-deaf, short, phimotic, nearsighted – *and* astigmatic. I live a horrible life. All I do is eat, sleep, and shit. I don’t know why I’m even living. Why should a person like me have to be the one to save Tokyo?”

“Because, Mr. Katagiri, Tokyo can *only* be saved by a person like you. And it’s *for* people like you that I am trying to save Tokyo.”

とても平凡な人間

「私はとても平凡な人間です。いや、平凡以下です。頭もはげかけているし、おなかも出ているし、先月40歳になりました。扁平足《へんぺいそく》で、健康診断では糖尿病の傾向もあると言われました。この前女と寝たのは三カ月も前です。それもプロが相手です。借金の取り立てに関しては部内で少しは認められていますが、だからといって誰にも尊敬はされない。職場でも私生活でも、私のことを好いてくれている人間は一人もいません。口べただし、人見知りするので、友だちを作ることもできません。運動神経はゼロで、音痴で、ちびで、包茎で、近眼です。乱視だって入ってます。ひどい人生です。ただ寝て起きて飯を食って糞《くそ》をしているだけです。何のために生きているのか、その理由もよくわからない。そんな人間がどうして東京を救わなくてはならないのでしょう？」

「片桐さん」とかえるくんは神妙な声で言った。「あなたのような人にしか東京は救えないのです。そしてあなたのような人のためにぼくは東京を救おうとしているのです」

Translation Notes #22

ℓ.04→ The doctor told me recently that [...]

「医者は最近私に〜であると言った」。原文は「健康診断では〜と言われました」(3 行目)である。日本では年に 1 回程度の「健康診断」は一般的であり、片桐もおそらく会社の健康診断によって糖尿病の傾向があると診断されたと考えられるが、例えばアメリカではそのような会社での定期健康診断は一般的ではないと言える。そのためここでは、医者にかかってそのように言われたとなっていると考えられる。

ℓ.05→ I have diabetic tendencies

= I have a tendency to get diabetes 「私には糖尿病になりやすい傾向がある、私は糖尿病になりやすい体質である」。「糖尿病」は英語で diabetes (発音記号: [dàɪəbíːtiːz/-təs])、その形容詞の形が diabetic (発音記号:[dàɪəbέtɪk]) である。「(ある病気に) なりやすい、かかりやすい」という表現は、tendency (「傾向」) という名詞を用いる場合、「have a tendency + to 不定詞」という言い方がより一般的であるが、この文のように「形容詞 (diabetic) + 名詞 (tendencies)」という表現も可能である。その場合は tendencies と複数形になることが多い。

ℓ.07→ and I had to pay for it

「しかも私はそのことに金を払わなければならなかった」。この場合の and は「しかも」という意味合いである。前置詞 for は「〜のために、〜に対して (関して)」の意味。it は片桐が女性と寝たことを指す。原文の「それもプロが相手です」(5 行目) の英訳に相当する。

ℓ.07→ I do get some recognition [...] for my ability to [...]

「私は〜する能力については確かにいくらか認められている」。doは動詞のgetを強調しており、「確かに〜を得ている」ということ。名詞recognitionは「認識」の意味のほかに「（功労や尽力などを）認めること」という意味もあり、その文脈では「表彰、感謝」などの意味にもなる。someは「いくらか、幾分」。前置詞forは「〜に対して、〜に関して」。my abilityの後にはto不定詞が続き、形容詞的用法として「〜する能力、〜できる能力」の意味になる。原文は「〜に関しては〜少しは認められています」（6行目）。

ℓ.09→ but no real respect

= but I get no real respect 「しかし本当の意味では尊敬されていない」。前の文に続き、getの目的語である。real respectは「真の尊敬」、「本当の意味での尊敬」。原文は「だからといって誰にも尊敬はされない」（6行目）である。

ℓ.11→ I don't know how to talk to people

「人とどのように話したらよいかわからない」。「how + to不定詞」は不定詞の名詞的用法の一つで、「どのように〜すべきであるか（ということ）」、「〜するやり方・方法」の意味。knowの目的語である。原文の「口べただし」（8行目）の英訳に相当する。

ℓ.12→ I'm bad with strangers

「私は知らない人とはうまくつき合えない」。形容詞badはこの場合「下手な」の意味である。I'm good / bad at 〜 で「〜することが上手（得意）／下手（苦手）である」という慣用的表現。この場合はstranges「他人、見知らぬ人」という人を表す名詞が後にくるので、前置詞は with を用いている。この場合の with は関係性を表し、「～を扱って、～に関して」の意味。原文の「人見知りする」(9 行目)の英訳に相当する。

ℓ.13→ I have no athletic ability

「私には運動能力がない」。形容詞 athletic は「運動の、運動選手の」。原文は「運動神経はゼロで」(10 行目)。

ℓ.14→ *and* astigmatic

「しかも乱視である」。形容詞 astigmatic は「乱視の」。原文は「乱視だって入ってます」(11 行目)。原文では一文で独立しているが、英訳ではいくつもの形容詞を並べた後の最後の形容詞となっている。英語では 3 つ以上の単語を並列した場合、最後は and で結ぶ原則があるので(「A, B, C and D」など)これもその一例であると言えるが、一方で and をイタリック体にして強調しているため、「しかも～である」という意味でもある。

なお、astigmatic という英語は、日本語の「乱視」という言葉ほど日常的には用いられない言葉である。ほぼ医学用語としてのみ使われ、一般の人々はその意味を知らない可能性が高い(この前に出てくる phimotic もそうである)。従って、「しかも～」という本来なら誰もが認知できる言葉が続くと期待するところに、astigmatic という謎めいた単語が用いられることである種の滑稽さが増し、片桐の表現の面白さが読者に伝わることになる。その意味では原文の雰囲気を損なうことはないであろう。片桐はここで自分にとってネガティヴとされる要素をいくつも取り上げるが、突飛な要素も入り込み脈絡がない。それがかえってコミカルでもある。また、英訳においては、astigmatic の意味がわからない読者には、それがどんなにひどい内容を意味するのか想像させることにもなるであろう。原文の「乱視」を直訳することで、それ以上の効果を引き起こすことが期待される一例であると言える。

ℓ.15→ All I do is eat, sleep, and shit

「私がやっていることは食べて寝て糞をしているだけだ」。原文は「ただ寝て起きて飯を食って糞《くそ》をしているだけです」（11 行目）。「寝て起きて」は英訳では sleep の一語になっている。また、3 つの行為の順番が入れ替わっているのはリズムを整えるためと考えられる。

ℓ.17→ Why should a person like me have to be the one to save Tokyo?

「一体なぜ私のような人間が東京を救う人間であらねばならないのか」。助動詞 should はこの場合、驚きや意外、あるいは反語を表す。why や who などの疑問詞とともに用いられることが多く「一体なぜ（誰が） ～なのか」という意味になる。この文は反語的でもあり、「私は東京を救うような人間ではないはずだ」という意味合いが言外にある。原文は「そんな人間がどうして東京を救わなくてはならないのでしょう?」（13 行目）である。

ℓ.19→ Because, Mr. Katagiri, Tokyo can *only* be saved by a person like you

「片桐さん、それは東京があなたのような人によってのみ救われるからです」、つまり「あなたのような人にしか東京は救えないのだ」ということ。It is because ～ と始めるところであるが、話し言葉でもあるので It is が省略されている。なお、この部分の原文には「『片桐さん』とかえるくんは神妙な声で言った」（16 行目）とあるが、「かえるくんは神妙な声で言った」は丸ごと省略されている。「神妙な声で」という表現を英訳するのに、例えば「まじめな態度で」、「落ち着いた声で」という他の表現に変えることも可能であるだろうが、この英訳ではその代わりに「蛙」のせりふの中に一工夫を凝らしていると言える。つまり、せりふの中の only と for をイタリック体にすることで、「あなただけ」、「あなたのような人のために」と強調している。これによって「蛙」のまじめな態度や声の調子を読者に想像させることができると言えるであろう。

#23

His Plan

Katagiri sighed again, more deeply this time. "All right then, what do you want me to do?"

Frog told Katagiri his plan. They would go underground on the night of February 17 (one day before the earthquake was scheduled to happen). Their way in would be through the basement boiler room of the Shinjuku branch of the Tokyo Security Trust Bank. They would meet there late at night (Katagiri would stay in the building on the pretext of working overtime). Behind a section of wall was a vertical shaft, and they would find Worm at the bottom by climbing down a 150-foot rope ladder.

"Do you have a battle plan in mind?" Katagiri asked.

"Of course I do. We would have no hope of defeating an enemy like Worm without a battle plan. He is a slimy creature: you can't tell his mouth from his anus. And he's as big as a commuter train."

"What *is* your battle plan?"

After a thoughtful pause, Frog answered, "Hmm, what is it they say – 'Silence is golden'?"

かえるくんの計画

片桐はもう一度深いため息をついた。「それで、いったい私は何をすればいいのですか？」

かえるくんは計画を教えてくれた。2月17日（つまり地震が予定されている1日前）の真夜中に、地下に降りる。入り口は東京安全信用金庫新宿支店の地下ボイラー室にある。壁の一部をはがすと竪穴《たてあな》があり、縄梯子《なわばしご》をつかってその穴を50メートルばかり降りると、みみずくんがいる場所にたどり着ける。二人は真夜中にボイラー室で待ち合わせる（片桐は残業をするという名目で建物の中に残っている）。

「闘うための作戦のようなものがあるのですか？」と片桐は尋ねた。

「作戦はあります。作戦なしに勝てる相手ではありません。なにしろ口と肛門《こうもん》の区別もつかないようなぬるぬるした奴《やつ》だし、大きさは山の手線の車両くらいあります」

「どんな作戦ですか？」

かえるくんはしばらく考え込んでいた。「それは言わぬが華でしょう」

ℓ.01→ **Katagiri sighed again, more deeply this time**

「片桐は再びため息をついたが、今度はより深いものだった」、「片桐はもう一度、今度はもっと深いため息をついた」。more deeply は副詞 deeply の比較級。「以前のため息と比べてより深く」ということ。原文は「片桐はもう一度深いため息をついた」（1 行目）である。英訳では「もっと深い」ため息になっていることについては 156～157 ページの解説を参照のこと。

ℓ.02→ **All right then, what do you want me to do?**

直訳すれば「そしたらわかりました、あなたは私に何をしてもらいたいのですか」であるが、この文脈では「まあわかりましたが、（いったい）私は何をすればいいのですか」というニュアンスである。原文は「それで、いったい私は何をすればいいのですか」（1 行目）である。原文は「それで」とあり、英訳のように All right と言って同意しているわけではない。従って、片桐は承諾はしていないものの、とりあえず実際に何をするのか聞いてみようと考えているととらえられなくもない。しかし、むしろこの会話の流れからは、片桐は仕方なくほぼ了解しているように受け取れる。この部分の英訳は、実のところ All right だけで返答しているのではなく、All right then と返答している。All right then は決まった言い方で、そのニュアンスは文脈にもよるが、「それでは仕方がない」と渋々と同意するときに用いられることが多い。また、「もういい、わかったよ」と相手を突き放すときにも用いられる。あるいは、特に否定的なニュアンスはなく「ではいいですね」などの意味でも用いられる。この文では渋々と同意する方向で、そのため次の文に関しても、「（私が）何をしましょうか」と積極的に質問しているのではなく、「あなたは私にどうしてもらいたいのか」と聞いているが、これも自然な流れとなる。

ℓ.05→ Frog told Katagiri his plan

「『蛙』は片桐に自分の（立てた）計画を伝えた」。原文は「かえるくんは計画を教えてくれた」（4 行目）である。原文の「教えてくれた」という表現は、片桐の質問に対してきちんと返答してくれたという意味が込められ、単に「教えた」という客観的な事実を述べるだけではない。しかし、英語でその意味を取り込むことは難しく、例えば「わざわざ〜してくれた」（take the trouble to 〜）、「喜んで 〜してくれた」（be happy to 〜）などの、原文より大げさな表現を用いるしかないであろう。従って英訳では、この文のように、客観的に「教えた」という事実のみを述べるだけのほうが自然である。さらに、英訳の片桐の質問が「あなたは私に何をしてもらいたいのか（what do you want me to do?）」と相手の指示を問う尋ね方になっていることもあり、その返答としては淡々と「その計画の内容を伝えた」とするのが自然な流れであるとも言えるだろう。なお、原文の「教えた」をそのまま英訳して動詞の teach を用いることは不自然である。teach は「（学問や学科を）教える」の意味であり、この文脈にはそぐわない。

ℓ.06→ on the night of February 17

「2月17日の夜に」。特定の日付を伴うと前置詞は on になることに注意。原文は「2 月 17 日（〜）の真夜中に」（4 行目）である。

ℓ.10→ They would meet there late at night

「彼らは夜遅くにそこで会う」。原文の「二人は真夜中にボイラー室で待ち合わせる」（9 行目）の英訳に相当する。この段落全体の原文と英訳は説明の記述の順番が異なっている。この一文は原文通りであれば段落の最後にくるはずであるが、最後ではなくその一文手前にきている。これは、英訳では計画の内容を伝えるのに、まずは片桐と「蛙」がとるべき「行動」についての説明があり、その後で現場の「状況」について説明するというように、「行動」の説明から「状況」の説明へと段階的に情報が伝えられているからである。この段落における原文と英訳の述語部分を比較すると、原文では「～地下に降りる。～地下ボイラー室にある。～をはがすと～があり、～降りると、～にたどり着ける。～で待ち合わせる」(5行目)というように、「行動」の記述と「存在」・「場所」を表す記述が交互に混ざって展開されるが、英訳では would go ～「行く」、would be through ～「通り抜けて」、would meet「会う」というように、「行動」を表す記述がまずは簡潔にまとめられている。その後に「～がある」という表現が続くことになる(この後の解説を参照のこと)。この文について言えば、「待ち合わせる」という「行動」の記述のために、一文前に持ってきたということになるであろう。

ℓ.13→ Behind a section of wall was a vertical shaft

= A vertical shaft was behind a section of wall「壁の一部の裏に垂直の空間(竪穴、シャフト)がある」。Behind で始まる前置詞句が文頭にきている倒置文である。前置詞 behind は「～の後ろに」、名詞 section は「(物の)部分、一部」、従って「一部の壁の後ろに、壁の一部の裏に」となる。原文は「壁の一部をはがすと竪穴《たてあな》があり」(7行目)とある。原文のこの段落は、「～がある」という「存在」や「場所」を表す文と片桐たちの「行動」を示す文とが交互に示されており、この原文一文をとっても、「壁の一部をはがすと」という部分は片桐たちが行う作業が具体的に示され、一方で「竪穴があり」の部分では状況が伝えられている。しかし英訳では、「行動」を述べる文と「状況」を述べる文はきれいに分けられており、この文以降、片桐たちの「行動」ではなく「状況」を説明する文に切り替わっている。従って、原文の説明の流れとは異なり、この英文は「壁の一部の裏に～がある」という表現でもって段落の最後にきている。「竪穴」は、例えばエレベーターなどの空間を指す用語であるが、英語で vertical shaft と言う。vertical は「垂直の」という意味の形容詞である。

ℓ.14→ and they would find Worm at the bottom by climbing down a 150-foot rope ladder

「そして 150 フィートの縄梯子を降りたところの地底に『みみず』がいる」。直訳すれば「そして彼らは 150 フィートの縄梯子を降りることによってその底に『みみず』を見つけることになるであろう」ということになるが、実際は You/They/One (will) find 〜 という文はほぼ決まった表現であり、「〜が(…に)ある」という「存在」を表す文として用いられることが多い。find の「見つかる」という意味は実質的には弱くなっている。この文も、前の「壁の裏に竪穴がある」という文と合わせて「〜がある」という「存在」や「場所」を示す文として、片桐たちの「行動」というよりは「状況」を説明する文に属すると言えるであろう。一方、原文は「縄《なわ》梯《ばし》子《ご》をつかってその穴を 50 メートルばかり降りると、みみずくんがいる場所にたどり着ける」(7 行目)と片桐たちの「行動」を説明する文になっている。

なお、原文では、厳密には穴の深さが 50 メートル以上あると読むことも可能であり、従ってその場所が一番深い所であるとは限らないかもしれない。一方、英訳では 150-foot rope ladder として、縄梯子の長さが 150 フィート(約 45 メートル)であり、従って穴の深さも 150 フィートであり、Worm は at the bottom (「その底」)にいると明記している。これは、英訳のこの文が「存在」や「場所」を示す表現になっていることに関係すると言えるであろう。原文のように「降りると〜たどり着ける」という行動を示すのではなく、「みみずが〜にいる」という情報を伝えるためには、この英訳のように明示的に表すということになるであろう。

ℓ.18→ We would have no hope of defeating an enemy like Worm without a battle plan

「(何か)闘いの作戦がなければ、私たちには『みみず』のような敵を打ち負かす見込みなどないだろう」。全体は仮定法の文ととらえられ、 if 節の代わりに without a battle plan という表現がきている。a battle plan と不定冠詞の a があるので、「何らかのある作戦がなければ」という意味合いになる。全体はこれで仮定法過去の文であり、現在の事実に反する仮定である。なお、この場合の hope は「望み」というよりは、「有望な見込み」という意味。動詞 defeat は「(相手や敵を)破る、打ち負かす」の意味、この場合は前置詞 of の後にきて動名詞の形になっている。原文は「作戦なしに勝てる相手ではありません」(14 行目)である。

原文は短い文で事実を述べ、相手がいかに強いかを断言している。一方、英訳では仮定法を用い、「もし作戦がなければ『みみず』のような相手に対して勝ち目はないだろう、しかし実際は作戦を用意しているから勝ち目がないわけではない」と「蛙」の置かれている立場も示唆した文となっていると言えるであろう。

ℓ.20→ He is a slimy creature: [...]

「彼(『みみず』)はぬるぬるした生き物である、つまり〜のようである」。形容詞 slimy には「泥だらけの、どろどろした」の意味のほか、「ぬるぬる、ねばねばの」の意味もある。この文では一度 slimy と形容してから、その後にコロン(:)を用いて具体的な説明文が続く。なお、名詞 creature は「生物、生き物」の意味であるが、「得体のしれない生き物、化け物」といった意味でも用いられることがある。原文の「ぬるぬるした奴《やつ》だし」(15 行目)に相当する。

ℓ.21→ he's as big as a commuter train

「彼(『みみず』)は通勤電車と同じくらい大きい、通勤電車もの大きさである」。原文は「大きさは山の手線の車両くらいあります」(16 行目)である。「山の手線」という東京に現実にある固有名詞をそのまま用いても、英訳の読者にはイメージが湧かない可能性があり、ここは「通勤電車」という表現にしたと考えられる。なお、原文は「車両」とあり、「一車両」の大きさを想定しているように受け取れるが、英訳の a train は一続きの電車全体を意味するのが一般的である。

ℓ.24→ After a thoughtful pause, Frog answered

直訳すれば「『蛙』は考え込んだ間《ま》の後に答えた」、つまり「しばらく考え込んでから答えた」。形容詞 thoughtful は「考え込んでいる、思いにふけっている、内省的な」という意味。原文は「かえるくんはしばらく考え込んでいた」(18 行目)である。なお、原文をそのまま Frog thought for a while と訳すことももちろん可能であるが、数行後にも「しばし考えてから言った」という文があり、それぞれ異なる表現になっていると言える。また、thoughtful という形容詞を用いることで「考え込んでいるような」という様態や性質を表しているとも言えよう。そのため、a thoughtful pause という表現は、「蛙」が「考え込む」という様子を表すとともに、「考え込んだそぶりの」という意味も内包していると言えるかもしれない。実際、この後、「蛙」は片桐の質問にはきちんと答えてはおらず、どれほど本気で考え込んでいるのかはわからないとも言えるだろう。

ℓ.25→ Hmm, what is it they say—'Silence is golden'?

「ええと、何と言いましたかね、『沈黙は金なり』でしたか」。Hmm は思案や疑問を表す。what is it they say は形としては強調構文(that は省略されている)であり、直訳すれば「人々が(よく)言っているのは一体何ですか、人がよく口にするあれは何ですか」となるが、つまり何かを思い出そうとして、「あれは何と言いましたか、何でしたっけ」という意味で用いられている。they は一般的な人を指す。また、Silence is golden は「沈黙は金」ということわざ。このことわざの全体は Speech is silvern (silver), silence is golden (gold)「雄弁は銀、沈黙は金」であるが、「沈黙は金」の部分のみでもよく引用される。原文は「それは言わぬが華でしょう」(18 行目)である。原文では「言わぬが華でしょう」と言い切っているが、英訳における「蛙」はなんとか格言を思い出そうとしている、あるいは片桐の質問をはぐらかすつもりか、「何と言いましたかね」と思案しながら返答している。

#24

Speeding Locomotive

“You mean I shouldn’t ask?”

“That’s one way of putting it.”

“What if I get scared at the last minute and run away? What would you do then, Mr. Frog?”

“ ‘Frog.’ ”

“Frog. What would you do then?”

Frog thought about this a while and answered, “I would fight on alone. My chances of beating him by myself are perhaps just slightly better than Anna Karenina’s chances of beating that speeding locomotive. Have you read *Anna Karenina*, Mr. Katagiri?”

When he heard that Katagiri had not read the novel, Frog gave him a look as if to say, What a shame. Apparently Frog was very fond of *Anna Karenina*.

驀進する機関車

「あえて聞かない方がいいということですか？」

「そう言ってもいいかもしれません」

「もし私が最後の瞬間になって、怖《お》じ気《け》付いてその場から逃げだしたら、かえるさんはどうするのですか？」

「かえるくん」とかえるくんは訂正した。

「かえるくんはどうするんですか？　もしそうなったら」

「ひとりで闘います」とかえるくんはしばし考えてから言った。「ぼくが一人であいつに勝てる確率は、アンナ・カレーニナが驀進《ばくしん》してくる機関車に勝てる確率より、少しましな程度でしょう。片桐さんは『アンナ・カレーニナ』はお読みになりましたか？」

読んでいないと片桐が言うと、かえるくんはちょっと残念そうな顔をした。きっと『アンナ・カレーニナ』が好きなのだろう。

Translation Notes #24

ℓ.01→ You mean I shouldn't ask?

「つまり(あなたに)聞くべきではないということですか、聞いてはいけないということですか?」。原文は「あえて聞かない方がいいということですか?」(1行目)である。

ℓ.02→ That's one way of putting it

「それは(それも)一つの言い方である」、つまり「そのような言い方もありますね」ということ。That はこの前の片桐のせりふを指している。動詞 put には「(考えなどを)表現する、述べる」の意味がある。it は漠然と状況を指しているが、put it でほぼ決まった言い方である。例えば How shall I put it? と言えば「何と言ったらよいだろうか」という意味になる。原文は「そう言ってもいいかもしれません」(2行目)である。

ℓ.06→ 'Frog.'

「『蛙』です、『蛙』にしてください」。原文では引き続き以前と同じように、「『かえるくん』とかえるくんは訂正した」(5行目)という文言が繰り返されているが、英訳ではもはや Call me "Frog" あるいは Make that "Frog" というせりふは繰り返されず、一言 Frog と訂正するだけになっている。しかし、これは原文でもともと「かえるくん」とたった一言述べるのと同じ表現になったということでもある。

ℓ.09→ My chances of beating him by myself

「私が自分一人で彼に勝つ見込み」。chances はこの場合「見込み、(～できる)可能性」の意味。この意味では複数形のことが多い。動詞 beat は「～に勝つ、～を破る」の意味、前置詞 of の後にきて動名詞の形になっている。なお、defeat とほぼ同じ意味である。by myself は「一人で、自分だけで」。原文は「ぼくが一人であいつに勝てる確率」(9行目)である。「あいつ」という言い方も英語では him という代名詞を用いることになる。

ℓ.14→ When he heard that Katagiri had not read the novel, Frog gave him a look [...]

「『蛙』は片桐がその小説を（これまで）読んだことがないと聞くと、彼（片桐）を見遣った」。that 節内の動詞が過去完了の形であることに注意。過去のある時点までにその本を読んだことがない、つまり he heard という過去のある時点より以前の事柄を表しているので過去完了形が用いられている。原文は「読んでいないと片桐が言うと、かえるくんは～な顔をした」（13行目）である。原文の「読んでいないと片桐が言うと」の部分は片桐が主語であるが、英訳のその部分は後に続く主文の Frog gave him a look の主語に合わせて「蛙」が主語となり、「～と片桐が言うのを（『蛙』が）聞くと」という表現になっている。なお、この文の冒頭は代名詞の he で始まっているが、これは主文の名詞 Frog を受けていることになる。

ℓ.15→ Frog gave him a look as if to say, What a shame

直訳すれば「『蛙』はまるで『それは残念』と言っているかのように彼（片桐）のことをちらっと見た」、つまり「『それは残念』と言っているような顔をちょっとした」ということ。what a shame は決まった言い方で「なんて残念なことか、それはかわいそうに」と、残念な気持ちを伝えるときに用いられる（大文字で始まっているのはこの部分が心の中のせりふであるからと考えられる）。shame はこの場合「残念なこと」といった意味である。なお、文脈によっては shame が「恥、不名誉」の意味になり、「全くけしからん、なんてひどい」という意味になることもある。原文は「かえるくんはちょっと残念そうな顔をした」（13 行目）である。

#25

Shot

"Still, Mr. Katagiri, I do not believe that you will leave me to fight alone. I can tell. It's a question of balls – which, unfortunately, I do not happen to possess. Ha ha ha ha!" Frog laughed with his mouth wide open. Balls were not all that Frog lacked. He had no teeth, either.

Unexpected things do happen, however.

Katagiri was shot on the evening of February 17. He had finished his rounds for the day and was walking down the street in Shinjuku on his way back to the Trust Bank when a young man in a leather jacket leaped in front of him. The man's face was a blank, and he gripped a small black gun in one hand. The gun was *so* small and *so* black it hardly looked real. Katagiri stared at the object in the man's hand, not registering the fact that it was aimed at him and that the man was pulling the trigger. It all happened too quickly: it didn't make sense to him. But the gun in fact went off.

狙撃

「でも片桐さんはぼくをひとりにして逃げたりしないと思います。ぼくにはそれがわかるんです。なんと言えばいいのかな、それはきんたまの問題です。ぼくには残念ながらきんたまはついていませんが。ははははは」、かえるくんは大きく口をあけて笑った。かえるくんにはきんたまだけではなく、歯もなかった。

予期せぬ出来事が起こる。

2月17日の夕方に片桐は狙撃《そげき》された。外回りの仕事を終えて、信用金庫に戻ろうと新宿の路上を歩いているとき、革ジャンパーを着た若い男が彼の前に飛び出してきた。表情の乏しい、いかにも薄っぺらな顔をした男だった。彼の手に黒い小さな拳銃《けんじゅう》が握られているのが見えた。拳銃はあまりにも黒く、あまりにも小さかったので、本物の拳銃には見えなかった。片桐はぼんやりとその手の中にある黒いものを見ていた。その先端が自分に向けられ、引き金がまさに引かれようとしていることが、うまく実感できなかった。物事はあまりにも無意味で唐突だった。しかしそれは発射された。

Translation Notes #25

ℓ.03→ It's a question of balls

「それは肝っ玉の問題である」。原文は「それはきんたまの問題です」(3 行目)。英語の balls は日本語の「きんたま」と同じように、「睾丸《こうがん》」と「肝っ玉、勇気、男らしさ」の両方の意味になりうる(これらの意味では常に複数形)。特に英語の balls は「肝っ玉」の意味でごく日常的に使われる。

ℓ.04→ which, unfortunately, I do not happen to possess

「残念ながらたまたまそれを私は持っていないが」。この関係代名詞 which は非制限(継続的)用法である。先行詞の balls を受けて、「それをたまたま持っていないが」と続けている。動詞 possess は「所有する」の意味であるが、文脈によっては「所有」というほどの強い意味ではなく、have と同じ意味でも用いられる。この文の場合、原文は「ぼくには残念ながらきんたまはついていませんが」(4 行目)とあり、字義通りには「生殖器として持っていない、所有していない」という意味であるが、その英訳の文の possess は、「身体の一部として所有する」という意味にも、あるいは have の意味にもとらえられる。have balls は「肝っ玉がある、勇気がある」という意味の決まった表現でもあり、日常会話ではよく用いられる。従って、英訳においては、「蛙」の生殖器としての balls と意味がかけられていると明らかに理解できるのは、その後の「蛙」は balls だけでなく teeth も持っていないというくだりからである。

ℓ.06→ Balls were not all that Frog lacked

直訳すれば「きんたまは『蛙』に欠けている(物の)すべてではなかった」、つまり「きんたまだけが『蛙』にないものではなかった」ということ。動詞 lack はその後に目的語を置いて「～を持っていない、～がない、～が欠けている」の意味。原文の「かえるくんにはきんたまだけではなく（、歯もなかった）」（5 行目）の部分に相当する。

ℓ.09→ Unexpected things do happen, however

「しかし、予期せぬことは確かに起こるのである」。do は動詞 happen を強めている。原文はシンプルに「予期せぬ出来事が起こる」（8 行目）とある。原文では淡々と時系列に起こった出来事を述べているのに対して、英訳では、「しかしながら」を意味する however を用いて、実は予想された展開とは異なる出来事が起きたということを明示している。また、英訳のこの文は、It is the unexpected that always happens.（あるいは The unexpected always happens.）「いつも予期せぬことが起こるものだ」という英語のことわざを下敷きにしている。従って、do happen という強調は、「（ことわざにあるように）確かに起こるものなのだ」という意味であり、一般的なある真実を確認する言い方になっている。

ℓ.11→ He had finished [...] and was walking down [...] when a young man [...] leaped in front of him

「彼（片桐）は〜を終えた後に〜を歩いていたところ、ある若い一人の男が彼の前に飛び出してきた」。接続詞 when は「〜するときに」を意味するので、この文を直訳すれば「ある若い男が飛び出したときには片桐は〜を終えて〜を歩いていたところだった」となる。しかし、「（主語）+（動詞の過去完了形）+ when 〈（主語）+（動詞の過去形）〉」、もしくは「（主語）+（動詞の過去進行形）+ when 〈（主語）+（動詞の過去形）〉」という形の文は、文脈によっては when 節が「時」や「場合」を意味するというよりは、その文が示す「行為」や「出来事」

の焦点として示されていることがある。つまり、記述されている順に意味をとり「～していた / したところ…した」、「～していた。すると…であった」というように、「過去完了形」で表される行動がほぼ完了した、あるいは「過去進行形」で表される状態がまだ進行中のときに、ある「行為」や「出来事」が起きたということを表す言い方になる。出来事全体が起きた順番に述べられているということである。

なお、原文は「～を終えて、～を歩いているとき、～若い男が彼の前に飛び出してきた」(9 行目) とある。「歩いているとき」という原文の日本語に合わせて、そのまま A young man leaped in front of him when he was walking down [...] after he (had) finished [...] と訳すことも可能ではあるが、この場面では問題の 2 月 17 日の夕方に何が起こったか、その出来事を時系列に並べるほうがわかりやすいと言え、この英訳のような構文をとるほうが自然であり、またその後の展開の記述もスムーズになると言えるであろう。

ℓ.11→ his rounds for the day

「彼のその日の分の仕事、その日 1 日の仕事」。名詞 round には「ひと仕事」の意味がある。原文は「外回りの仕事(を終えて)」(9 行目) である。なお、round には「巡回」、「巡視」、「往診」といった意味もあり、その場合は複数形で用いられることが多いので、ここでは「外回り」の意味ももちろん兼ねている。

ℓ.12→ on his way back to [...]

「～に戻る途中(で)」。on one's way to ～は「～へ行く途中」という意味の決まった表現。この場合は way back とあるので、「～へ戻る途中」となる。原文は「～に戻ろうと」(10 行目) である。

ℓ.14→ The man's face was a blank

「その男の顔はうつろだった、その男は無表情だった」。名詞 blank は「空白、空」、主に形容詞で「ぼんやりした、うつろな」の意味で用いられることが多い。この文のように名詞で用いるということは、ただぼんやりとした表情を表すというより、顔自体が物質的に「空白」であるという抽象的な感覚もあり、「のっぺらぼう」という感じに近いと言えるであろう。原文は「表情の乏しい、いかにも薄っぺらな顔をした男だった」(12 行目)とある。原文では二度に分けて説明しており、「薄っぺらな顔」という表現が独特であるが、その感じを英訳では a blank の一言で表していると言える。

ℓ.15→ he gripped [...]

「彼(その若い男)は〜を握っていた」。動詞 grip は「〜をしっかりと握る」。原文は「(拳《けん》銃《じゅう》が)握られているのが見えた」(13 行目)と片桐の視点に立った文である。

ℓ.16→ The gun was *so* small and *so* black it hardly looked real

「拳銃はとても小さく、またとても黒かったので、ほとんど本物には見えなかった」。いわゆる so that の構文。この文では so that の that が省略されている。また so をイタリック体にして強調している。副詞 hardly は「ほとんど〜ない」。原文は「拳銃はあまりにも黒く、あまりにも小さかったので、本物の拳銃には見えなかった」(14 行目)である。「あまりにも」とあるので、この文を too 〜 to ... の構文を用い、The gun was too small and too black to look real と表すことも可能ではあるが、意味合いが微妙に異なってくると言えるかもしれない。too を用いた文は「本物として見るにはその拳銃は小さすぎる、黒すぎる」、つまり拳銃の大きさが実際にとても小さく真っ黒であるということになり、この文脈で用いた場合、拳銃についてのより客観的な事実を述べている文と受けとられることになるであろう。一方、so that 構文は、「程度」を表す副詞の so がこの文ではイタリック体になっているということにも着目すると、話者自身の主観性、主観的な判断がより押し出された文になっていると言えるかもしれない。つまりこの文脈では一連の出来事が片桐の視点に立って語られているので、片桐にとってはその拳銃がとても小さく黒く見えた(実際にはどうなのかわからないが)ということがこの文によって表されており、いわば片桐の心象を表した文であると言えるであろう。

ℓ.17→ Katagiri stared at the object in the man's hand

「片桐はその男の手の中の物体をじっと見ていた」。原文は「片桐はぼんやりとその手の中にある黒いものを見ていた」(15行目)である。原文は「ぼんやりと〜見ていた」とあるが、英訳では「じっと見ていた」となっている。この英訳の「じっと見る」という表現は、その直後に not registering the fact that [...]（「〜という事実を理解せずに」）という表現が続くこともあり、全体の意味としては「その物が何であるのか不思議に思いながらじっと見ていた」というニュアンスで使われていると言える。原文の「ぼんやりと」という副詞も、「それが拳銃であることは特に意識せずに（見ていた）」、あるいは「それが何であるのかよくわからずに（見ていた）」といった意味合いで用いられており、原文と英訳で表現されている内容やニュアンスに特に大きな違いはないと言えるであろう。

ℓ.18→ not registering the fact that [...]

「〜であるという事実を心（印象）に留めることなく（その物をじっと見ていた）、〜であるということを特に理解しないまま（その物をじっと見ていた）」。分詞構文。その前の文の述語動詞(stared)で表される片桐の行動について、その様子を補足的に説明している。この場合「〜であるということを理解せずに（じっと見ていた）」と理解できる。なお、分詞構文を否定の形にするときには、not を最初に持ってくるということに注意。動詞 register はもともと「〜を登録する、登記する」の意味であるが、この場合は「〜を心の中に銘記する」つまり、「〜を記憶や心に留める、〜を頭で理解する」といった意味で用いられている。原文の「〜ことが、うまく実感できなかった」(17行目)という部分の英訳に相当する。

ℓ.19→ the fact that it was aimed at him and that the man was pulling the trigger

「それが彼に向けられていて、そしてその男が引き金を引こうとしているということ」。過去進行形(was pulling)を用いているのは、その時点で「引き金を引いていた」と進行中の動作を表していると言えなくもないが、この状況ではむしろ、その時点で「今まさに引き金を引こうとしていた」、「引きかけていた」という確実に起こる近い未来、もしくはある動作の終了までの「接近」を表していると考えられる。原文は「その先端が自分に向けられ、引き金がまさに引かれようとしていること」(16 行目)である。原文では、何か「黒いもの」の「先端」が彼に向けられ、その「引き金」が「引かれようとしている」というように、片桐の視点を通した物体そのものの様子が描写されている。英訳においてもこの前の部分で object という客体を意識した言葉(例えば thing よりも「物体・対象物」としての意味合いが強い)が用いられており、その意味でこの文の焦点は片桐の目を通した「物」に置かれていると言えるが、その一方で最後の部分は引き金を引く男(the man)が主語になっており、事実の客観性を提示するという性質もどこかで保持されているようでもある。

ℓ.20→ It all happened too quickly: it didn't make sense to him

「それは全てあまりにも急に起こったので、彼(片桐)にはよく意味がわからなかった」。It はその前の状況や出来事を指している。副詞 quickly は「素早く、急に、すぐに」などの意味になる。コロン(:)は「つまり、すなわち」の意味であるが、この場合は「急に起こったから何が何だかわからなかった」と因果関係を示しているともとらえられる。原文の「物事はあまりにも無意味で唐突だった」(18 行目)に相当する英訳である。原文は「無意味で唐突」と and の意味で並列しているが、英訳では「あまりにも唐突で意味がわからなかった」というように語順を変えている。ただし、コロンを用いることで、2 つの文は並列されていて、この 2 つの事実の認識がほぼ同時であるということも示されていると言える。

#26

Second Shot

Katagiri saw the barrel jerk in the air and, at the same moment, felt an impact as though someone had struck his right shoulder with a sledgehammer. He felt no pain, but the blow sent him sprawling on the sidewalk. The leather briefcase in his right hand went flying in the other direction. The man aimed the gun at him again. A second shot rang out. A small eatery's sidewalk signboard exploded before his eyes. He heard people screaming. His eyeglasses had flown off, and everything was a blur. He was vaguely aware that the man was approaching with the pistol pointed at him. I'm going to die, he thought. Frog had said that true terror is the kind that men feel toward their imagination. Katagiri cut the switch of his imagination and sank into a weightless silence.

二発目

反動で銃口が空中にはねあがるのが見えた。それと同時に右の肩口をハンマーで思いきり叩《たた》かれたような衝撃があった。痛みは感じなかった。片桐はその衝撃にはねとばされるようなかっこうで道路に転げた。右手に持っていた革鞄《かわかばん》が逆の方向にとんでいった。男はもう一度銃口を彼の方に向けた。二発目が発射された。彼の目の前にあったスナックの置き看板が粉々になった。人々の悲鳴が聞こえた。眼鏡がどこかにとんでしまって、目の前の風景がかすんでいた。男が拳銃を構えてこちらに近づいてくるのがぼんやりと見えた。俺は死のうとしているのだと片桐は思った。真の恐怖とは人間が自らの想像力に対して抱く恐怖のことです、とかえるくんは言った。片桐は迷うことなく想像力のスイッチを切り、重みのない静けさの中に沈み込んでいった。

Translation Notes #26

ℓ.01→ Katagiri saw the barrel jerk in the air

「銃身が空中に向かって（上に）ぐいと突き動かされるのを片桐は見た」。知覚動詞 see を用いた構文。「see +（目的語）+ 動詞の原形」=「（目的語）が〜するのを見る」。名詞 barrel は「銃身」のこと。動詞 jerk は「（ある物が急に）ぐいと動く」ことを表す。「ぐいと押される」、「ぐいと開く」など状況により様々な様態を表す。この文では in the air「空中に、空へ」という前置詞句が後に続くので、発射の勢いで「銃身が急に上を向いた」状況を表している。原文は「反動で銃口が空中にはねあがるのが見えた」（1 行目）である。「反動」や「はねあがる」感じを jerk の一語で表している。

ℓ.03→ as though someone had struck his right shoulder with a sledgehammer

「まるで誰かが自分の右肩をハンマーで打ちつけたかのように（衝撃を感じた）」。名詞 sledgehammer は「ハンマー」であるが、通常の hammer よりも大型のものを指す。ただし、a sledgehammer blow で「致命的な大打撃」という決まった言い方があるように、この文脈のような物騒な状況では sledgehammer という言葉を用いるほうがしっくりくるようである。原文は「右の肩口をハンマーで思いきり叩《たた》かれたような」（2 行目）である。

ℓ.05→ the blow sent him sprawling on the sidewalk

直訳すれば「その打撃は彼を歩道の上に大の字に倒れるような状態に追いやった」、つまり「その一撃によって彼は歩道にばったりと倒れる格好になった」、「その衝撃のあまり彼は歩道にとばされて無様に転がった」ということになる。名詞 blow は

「強打、打撃」のこと。動詞 send はこの場合「〜にする、させる」の意味。この文のように blow を主語にして、the blow send ＋（人）＋〜 ing というのはよく用いられる言い方でもある。動詞 sprawl は「大の字に倒れる、寝そべる」の意味で、手足が無様に伸びている状態を表す。原文は「片桐はその衝撃にはねとばされるようなかっこうで道路に転げた」（3 行目）である。原文の説明的な表現を、英訳では状況をふまえたうえで send 〜 sprawling というシンプルな表現で言い換えている。また、原文の「道路」は、「歩道」を意味する sidewalk（主にアメリカ英語）という単語に置き換えられているが、これは片桐が歩道を歩いていたと容易に推察されるからであると同時に、この前の段落で street を用いていることもあり、ここではより具体的な言葉に言い換えているとも考えられる。

ℓ.07→ went flying

「飛んでいった」。fly は「（ひらひらと）飛ぶ」の意味だけではなく、この go flying のように「ぽんと飛んでいく」という意味にもなる。

ℓ.08→ A second shot rang out

「二度目の銃声が響き渡った、もう一度銃声がした」。名詞 shot は「発射」あるいは「銃声」。ring out は「鳴り響く、響き渡る」。原文は「二発目が発射された」（6 行目）である。原文と英訳の言い回しは異なるが、A shot rang out という表現はごく一般的である。なお、a second shot のように、second に不定冠詞の a が伴う場合は、another shot と同義である。

ℓ.09→ A small eatery’s sidewalk signboard exploded before his eyes

「小さなレストランが歩道に置いている看板が目の前で爆発した」。形容詞 small は名詞 eatery を修飾している。動詞

explode は「爆発する、破裂する」。原文は「彼の目の前にあったスナックの置き看板が粉々になった」(7 行目)である。「スナックの置き看板」とごく簡単に示されているが、「スナック」も「置き看板」も日本的なものであり、英訳ではそれぞれ small eatery、sidewalk signboard と説明的な表現になっている。eatery は「軽食堂、食事処」と訳されるが、ちょっとしたレストランやカフェのようなイメージであり、いわゆる「スナック」のイメージとは異なると言えるであろう。

ℓ.12→ He was vaguely aware that [...]

「彼は〜ということにぼんやりと気づいた、〜ということがぼんやりとわかった」。be aware that 〜 は「〜ということに気づいている」、「〜ということを知っている、認識している」などの意味になる。副詞 vaguely は「漠然と、ぼんやりと」。原文は「〜がぼんやりと見えた」(10 行目)である。目の前がかすんでいてよく見えないという状況の中、英訳では「なんとなく認識できた」という表現になっているが、原文と英訳に特に大きな意味の違いがあるというわけではない。

ℓ.13→ with the pistol pointed at him

「ピストルを自分に向けて(近づいてきた)」。「拳銃」はこの文では gun ではなく pistol という単語を用いている。また、aim 〜 at ... という表現も point 〜 at ... という別の表現に変わっているが、意味に違いはない。同じ単語を用いた繰り返しを避けていると考えられる。原文は「拳銃を構えて」(9 行目)である。

ℓ.14→ I'm going to die

「私はもうすぐ死ぬ」。この場合の be going to は、「〜するつもりである」という予定や意図を意味しているのではなく、確実に起こる未来の出来事や予測を表している。このような be going to の用法では、その予測に対して何らかの兆候や理由が前提にあることが多く、その意味では「〜になる、〜する」とほぼ事実を述べていることに等しいと言える。したがって「私はもうすぐ死ぬ」という感じである。原文は「俺は死のうとしているのだ」(10 行目)である。原文の「死のうとしている」という表現も、この文脈では「今まさに死ぬところである」と接近する未来を示している。なお、この英訳の文に引用符はないが、片桐の心の中の言葉を表しており、時制の一致などの影響は受けていない(つまり直接話法)。原文でも「俺は」とあり、心のせりふであることは明らかである。しかし、片桐の「俺」という言い方は英語では I を用いるしかないということになる。

ℓ.15→ Frog had said that true terror is [...]

「『蛙』は真の恐怖とは〜であるということを(以前に)言っていた」。過去完了形(had said)になっているのは、以前にこのことを「蛙」が発言したから。それに対して that 節の中の動詞が時制の一致を受けていない(過去形になっていない)のは、「真の恐怖」に対する「蛙」の発言が、ある書物から引用されたものとして、ある普遍的な真理を述べているということになるからである。

ℓ.16→ Katagiri cut the switch of his imagination

「片桐は自分の想像力のスイッチを切った」。名詞 imagination は「想像すること」の意味であるが、「想像力」を指す場合にも用いる。原文は「片桐は迷うことなく想像力のスイッチを切り」(13 行目)である。原文には「迷うことなく」とあるが、英訳ではその部分は訳されていない。しかし、この前の片桐の心中を表すせりふからこの叙述的な文へとさらりと切り替わっていること自体が、すでに淡々とその「スイッチを切る」という状況を表しているとも言える。また cut という動詞自体が、ただ「止める」という意味だけでなく、物理的に何かを「切る」という思い切った動作を示すものでもあり、この英訳のように説明的な副詞などを特に伴わず、シンプルに言い切ることで、逆にその思い切りのよさを効果的に表していると言えるであろう。

#27

Nurse Dressed in White

When he woke up, he was in bed. He opened one eye, took a moment to survey his surroundings, and then opened the other eye. The first thing that entered his field of vision was a metal stand by the head of the bed and an intravenous feeding tube that stretched from the stand to where he lay. Next he saw a nurse dressed in white. He realized that he was lying on his back on a hard bed and wearing some strange piece of clothing, under which he seemed to be naked.

Oh yeah, he thought, I was walking along the sidewalk when some guy shot me. Probably in the shoulder. The right one. He relived the scene in his mind. When he remembered the small black gun in the young man's hand, his heart made a disturbing thump. The sons of bitches were trying to kill me! he thought. But it looks as if I made it through OK. My memory is fine. I don't have any pain. And not just pain: I don't have any feeling at all. I can't lift my arm . . .

白衣の看護婦

目が覚めたとき、片桐はベッドに横たわっていた。彼はまず片目を開け、そっとまわりを眺め、それからもう一方の目を開けた。最初に視野に入ったのは、枕元《まくらもと》に置かれたスチールのスタンドと、そこから彼の身体に向かってのびている点滴のチューブだった。白衣を着た看護婦の姿も見えた。自分が固いベッドの上に仰《あお》向《む》けになり、奇妙な服を着せられていることもわかった。服の下はどうやら素っ裸であるようだった。

そうだ、俺は道路を歩いているときに誰かに撃たれたんだ。肩を撃たれたはずだ。右肩だ。そのときの光景が頭の中によみがえってきた。若い男の手の中にあった小さな黒い拳銃のことを思うと、心臓が不吉な音を立てた。あいつらは本当に俺を殺そうとしやがった、と片桐は思った。しかしなんとか死なずにすんだようだ。記憶もたしかだ。痛みはない。いや、痛みだけではなく、感覚というものがまったくない。手を持ち上げることすらできない。

ℓ.02→ took a moment to survey his surroundings

直訳すれば「彼の周囲を見渡すために一瞬の時間をとった」、つまり「一瞬、周囲を見渡した」、あるいは「少し周囲を見渡した」ということ。動詞 survey は「〜を見渡す」。名詞 surroundings は「周囲、環境」。複数形で用いられることが多い。to 不定詞は副詞的用法。原文は「そっとまわりを眺め」(2 行目)である。原文の「そっと」は、片桐が片目を開けておそるおそるあたりの様子をうかがっている状況を表すが、多少漫画的な描写でもある。それを英訳では take a moment to 〜 という基本的には時間を表す表現を用いながら、一瞬目がピクリと(あるいはぐるりと)動く様子をコミカルに描写していると言えるであろう。

ℓ.05→ a metal stand by the head of the bed

直訳すれば「ベッドの頭のそばにある金属のスタンド」、つまり「枕元の金属製のスタンド」。前置詞 by は「〜のそばの(に)」。原文は「枕元《まくらもと》に置かれたスチールのスタンド」(4 行目)。「スチール」はそのまま steel とも言えるが、この文では metal を用いている。なお、219 ページに「スチールの椅子《いす》」(11 行目)という描写があるが、そちらは steel を用いている。

ℓ.06→ an intravenous feeding tube that stretched from the stand to where he lay

「スタンドから彼が寝ているところまでのびた点滴のチューブ」。形容詞 intravenous は「静脈注射の、点滴の」、feeding は「食物や栄養を与える」といった意味の分詞の形であるが、intravenous feeding で点滴によって栄養分を補給することを意味する決まった言い方である。ただし、「点滴」は日本ほどなじみのある処置ではなく、この表現は多少説明的になっているとも言える。原文は「そこから彼の身体に向かってのびている点滴のチューブ」(4 行目)である。

ℓ.10→ [...] wearing some strange piece of clothing

「何か奇妙な服を着ている(ということ)」。この前の部分から he was lying [...] and wearing [...] と続いている。名詞 clothing (発音記号:[klóʊðɪŋ])は「衣類、衣服」、数えられない名詞である(なかでもいわゆる集合名詞、ある事物の集合体を表す名詞でもある)。これを「1 枚(着)」、「2 枚(着)」と数えるときは a piece of clothing や two pieces of clothing のようにして数えることになる。この文で a piece of の不定冠詞 a が見当たらないのは、some (「何らかの」)が入っているからである。原文は「奇妙な服を着せられている(こと)」(7 行目)。原文は「着せられている」という受身の表現になっているが、英訳は「気づいたら奇妙な服を着ていた」という表現になっている。

ℓ.12→ Oh yeah, [...], I was walking along the sidewalk when some guy shot me

「あ、そうだ、歩道を歩いていたときにどこかの男が私を撃ったのだ」。he thought が途中で挿入されており、つまりこの文は引用符はないものの、片桐の心中の言葉を再現している。直接話法であり、この話法はこれ以降 2 つ先の The right one の文まで続くと考えることができる。原文は「そうだ、俺は道路を歩いているときに誰かに撃たれたんだ」(9 行目)である。「道路」が sidewalk になっているのは前に同じ。

ℓ.14→ He relived the scene in his mind

「彼はその光景を心にもう一度思い浮かべた」。動詞 relive は「心の中で～を再び体験する」ということ。例えば、トラウマの再現の際などにしばしば用いられる動詞である。原文は「そのときの光景が頭の中によみがえってきた」(10 行目)である。原文は「よみがえってきた」とあり、引き続き片桐の心の中で起きていることを表しているが、英訳では地の語りの文に切り替わっている。なお、次の原文も「小さな黒い拳銃のことを思うと～」(11 行目)とやはり片桐の心の中の表現が続くが、それも英訳では客観的な事実を述べる語りの文となっている。

ℓ.16→ his heart made a disturbing thump

「彼の心臓は不穏な音を立てた」。形容詞 disturbing は動詞 disturb (「乱す、かき乱す、妨害する」)の分詞の形であり、「心をかき乱すような」、つまり「不安な、不穏な」、「心のざわついた」という意味になる。また「耳に障るような、不快な」という意味にもなる。thump は音を表す名詞であり、「ドン、ドシン、ドサッ」など何かを叩いたり、打ったりする音を表すが、心臓のドキドキという鼓動を表すときにもよく用いられる。なお、この文における動詞の make は「(音を)立てる、生じさせる」の意味であり、例えば make a noise 「音(騒音)を立てる」の make と同じ使い方である。原文は「心臓が不吉な音を立てた」(12 行目)である。「不吉な」という意味を表す形容詞は ominous、foreboding などがあるが、thump という名詞との組み合わせは多少奇妙であり、ここでは「耳障りな」という意味にもなる disturbing と音を表す thump という名詞を組み合わせることで、原文の意味がうまく表されていると言える。

ℓ.17→ The sons of bitches were trying to kill me

「あいつらは私を殺そうとしたのだ」。he thought が後に続き、引用符はないものの、片桐の心の中の言葉を再現している。son of a bitch は「やつ、あいつ、野郎」などを意味する侮蔑的な表現である。原文は「あいつらは本当に俺を殺そうとしやがった」(13 行目)である。「あいつら」とあるので英訳は sons of bitches と複数形になっている。また、「〜しやがった」という侮蔑的かつ失望している感じも、この口語的な表現に含まれている。

ℓ.18→ But it looks as if I made [...]

「しかし私はどうやら〜したようである」。引き続き片桐の心の中のせりふであり、それはこの段落の最後まで続いている。

ℓ.19→ I made it through OK

「私はうまく切り抜けた、生き抜いた」。make it through は「うまくやり遂げる、乗り切る」の他、「切り抜ける、生き延びる、助かる」の意味でも用いる決まった表現である。OK = well。原文は「なんとか死なずにすんだ」(14 行目)である。

ℓ.21→ I can't lift my arm . . .

「私は腕も上げられない」。原文は「手を持ち上げることすらできない」(16 行目)とあるが、英語では hand ではなく、arm を目的語にとるのが自然であろう。また、この文の最後の「...」は、「腕も上げられないし…」とまだ片桐の思いが後に続くことを表している。とすると、腕だけではなく、その他の部分も動かすことができないということであるかもしれない。つまり、原文を直訳して I can't even lift my arm と副詞の even を挿入するよりは、I can't lift my arm ... とするほうが片桐の心のせりふとしてはより自然であると言えるかもしれない。

#28

9:15 a.m. on February 18

The hospital room had no windows. He could not tell whether it was day or night. He had been shot just before five in the evening. How much time had passed since then? Had the hour of his nighttime rendezvous with Frog gone by? Katagiri searched the room for a clock, but without his glasses he could see nothing at a distance.

"Excuse me," he called to the nurse.

"Oh, good, you're finally awake," the nurse said.

"What time is it?"

She looked at her watch.

"Nine-fifteen."

"P.M.?"

"Don't be silly, it's morning!"

"Nine-fifteen a.m.?" Katagiri groaned, barely managing to lift his head from the pillow. The ragged noise that emerged from his throat sounded like someone else's voice. "Nine-fifteen a.m. on February 18?"

"Right," the nurse said, lifting her arm once more to check the date on her digital watch. "Today is February 18, 1995."

"Wasn't there a big earthquake in Tokyo this morning?"

2月18日午前9時15分

病室には窓がなかった。昼か夜かもわからない。撃たれたのは夕方の5時前だった。それからいったいどれくらいの時間が経過したのだろう？　かえるくんと約束した真夜中はもう過ぎてしまったのだろうか。片桐は部屋の中に時計を捜した。しかし眼鏡がなくなったせいで遠くにあるものは何も見えなかった。

「すみません」と片桐は看護婦に声をかけた。

「ああ、やっと気がついたんですね。よかった」と看護婦が言った。

「今は何時ですか？」

看護婦は腕時計に目をやった。「9時15分」

「夜の？」

「いやだ、もう朝ですよ」

「朝の9時15分？」と片桐は枕から頭をわずかに浮かせ、しゃがれた声で言った。それは自分の声には聞こえなかった。「2月18日の朝の9時15分？」

「そうです」、彼女は念のために腕を上げてディジタル時計の日付を確認した。「今日は1995年の2月18日です」

「今日の朝、東京に大きな地震は起きなかった？」

Translation Notes #28

ℓ.01→ **The hospital room had no windows**

「病室には窓がなかった」。日本語の言い方とは異なり、英語では「病室」を主語にして、「その病室は窓を持っていなかった」という言い方になることに注意。また、「窓」も英語では単複をはっきりさせる必要があり、windowsと複数形になる。

ℓ.03→ **He had been shot just before five in the evening**

「夕方のちょうど5時前に撃たれた」。過去完了形(had been shot)が用いられているのは、この過去形で語られている病院での出来事より以前に起きた出来事であるから。なお、この文のあたりから自由間接話法(描出話法)が用いられていると考えることができる。片桐の心中の言葉と考えられるものの、せりふをそのまま再現した直接話法(I was shot just before five in the evening)ではなく、むしろ語りの文とつながっている。つまり、He thought that he had been shot [...]という間接話法の文に近いわけであるが、that節として提示しているわけではない。原文も「撃たれたのは夕方の5時前だった」(2行目)と片桐の心の中のせりふのようになっている。なお、「夕方の5時前」は英訳ではjust before five(「ちょうど5時前、5時少し前」)となっている。日本語で「5時前」は「5時少し前」を指すが、英語でbefore fiveは「5時より前に」という意味でいつの時間を指すか明確ではない。

ℓ.05→ **Had the hour of [...] gone by?**

「〜の時間は過ぎてしまったのか?」。引き続き自由間接話法と考えられる。直接話法であれば、Has the hour of [...] gone by?である。完了形は「すでに過ぎてしまった」と完了を表す。go byは「(時が)過ぎる、経過する」。

ℓ.05→ the hour of his nighttime rendezvous with Frog

「彼が『蛙』と約束した夜の密会の時間、『蛙』との真夜中の約束の時間」。nighttimeはこの場合形容詞で、「夜の、夜間の」。名詞rendezvous(発音記号:[rá:ndəvù:])は「(恋人などが)約束して会うこと」、「約束の会合」の意味。原文はただ「かえるくんと約束した真夜中」(3行目)とあるが、この日本語の「約束」は「会う約束」であるので、例えばhis nighttime promiseという表現はふさわしくないであろう。また、「会う約束」を意味するappointmentは予約や「アポ」をとったうえでの面会を意味するので適当ではない。ここではrendezvousという多少ロマンチックな雰囲気のある言葉を用いており、多少夢見心地の片桐の心境を表していると言えるかもしれない。また、rendezvousは時と場所を打ち合わせてきちんと会うことを意味してもいるので、片桐が「蛙」に会わなければならないと思っている切実な心情がうかがえるとも言えるかもしれない。

ℓ.08→ at a distance

「離れている(ものは何も見えなかった)」。at a distanceは「ある距離をおいて」という意味。この場合は直前のnothingを修飾し、「離れたところにある(もの)」となる。原文は「遠くにある(ものは何も見えなかった)」(6行目)である。

ℓ.15→ P.M.

英語で時刻を表すときには、例えばnine-fifteen p.m.のように、表記だけでなく会話でも「ナイン・フィフティーン・ピーエム」のように伝えることが多い。したがって、原文では片桐が「夜の?」(12行目)と聞き返すが、それを英語でP.M.?と聞き返しているのはごく自然である。

ℓ.16→ Don’t be silly

「そんなわけがないでしょう」。形容詞 silly は「愚かな、バカな」の意味であるが、Don't be silly は決まった言い方で、相手の言ったことや行った行為に対して「何を言っているんだ、そんなわけがないでしょう」、「そんなバカなこと」、「一体何をやっているんだ」などの意味になる。ただし、「バカな」ということを強調しているわけではなく、むしろ軽い言い方である。文脈によってはもちろん強い言い方にもなるが、ここでの看護師は原文にあるように「いやだ」(13 行目)、「あらいやだ」という感じで会話しており、Don't be silly もそのニュアンスで用いることができる表現である。

ℓ.17→ Katagiri groaned

「片桐はうなった、うめいた、うめき声で言った」。動詞 groan は「うなる、うめく」の意味で、低い声を出して不満や苦しみを表現することを言う。つまりこの場合は、片桐が夜ではなく朝の 9 時 15 分だと知って、Nine-fifteen a.m.? というせりふをうなるように言ったということである。原文にはこれに相当する表現が見当たらない。「しゃがれた声で言った」(15 行目)とあるが、「しゃがれた声」そのものは次の ragged noise として訳されている。ragged noise という表現は英語としてはやや独特な言い方であり、ここではまず groan というごく一般的な動詞を用いて片桐の声の状態を表し、それを改めて ragged noise と説明して、それがいかに変わった声に聞こえるかを示している。

ℓ.18→ The ragged noise that emerged from his throat sounded like someone else’s voice

直訳すれば「彼の喉から出たそのかすれた音は誰か他人の声のように聞こえた」、つまり「喉の奥からしぼり出されたようなそのかすれた声は他人の声のようだった」ということ。これは原文の「しゃがれた声(で言った。)それは自分の声には聞こえなかった」(15 行目) に相当する英訳である。英訳では、まず直前に groaned という動詞を用いて片桐の声の調子を表し、それを the ragged noise「そのかすれた音、その耳障りな音」として何か違和感のある声であったことを説明している。形容詞 ragged（発音記号:[rǽgəd/-id]）は通常「（衣服が）ぼろぼろの、ずたずたの」、あるいは「（形やリズムなどが）ぎざぎざの、ふぞろいの」などの意味で用いられる。原文の「しゃがれた」を表す英語は例えば hoarse などがあるが、ここでは ragged noise という英語としては多少独特な表現を用いることで、片桐がショックからか疲れからか、まともな声が出ていない状態、何か聞き取りにくい耳慣れない音を出していることを表し、「かすれ声、しゃがれ声」に通じる訳となっている。また、そのためか、原文ではその声が「自分の声には聞こえなかった」（15 行目）とあるが、英訳ではもう一歩進んで「他人の声のように聞こえた」とより強い表現になっている、と言えるかもしれない。

ℓ.22→ lifting her arm once more to check the date on her digital watch

「彼女のディジタル時計の日付を確認するためにもう一度腕を持ち上げながら（言った）」、「（～と言って）腕を上げ、もう一度ディジタル時計の日付を確認した」。分詞構文。直前の動詞（said）で表される看護師の様子について説明している。この場合「腕を上げて確認しながらそう言った」ということになる。to 不定詞句は文法的には副詞的用法である。なお、once more（「もう一度」）は lifting を修飾しているとも、to 不定詞句を修飾しているとも考えられるが、どちらでもそれが示す状況に差はないと言える。前置詞 on はこの場合「～の上に載った、～に表示された」ということである。原文は「彼女は念のために腕を上げてディジタル時計の日付を確認した」（17 行目）である。「念のため」という日本語は、英訳では once more に言い換えられている。「念のため」を表す英語は、例えば just in case などのフレーズがあるが、これは「万が一に備えて」という意味合いであるので、この文脈では強すぎると言える。「～を念のため確認する」と英語で言うときに最も一般的であるのは、check ～ once more あるいは double-check ～ という言い方である。

#29

Nervous Smile

“In Tokyo?”

“In Tokyo.”

The nurse shook her head. “Not as far as I know.”

He breathed a sigh of relief. Whatever had happened, the earthquake at least had been averted.

“How’s my wound doing?”

“Your wound?” she asked. “What wound?”

“Where I was shot.”

“Shot?”

“Yeah, near the entrance to the Trust Bank. Some young guy shot me. In the right shoulder, I think.”

The nurse flashed a nervous smile in his direction. “I’m sorry, Mr. Katagiri, but you haven’t been shot.”

“I haven’t? Are you sure?”

“As sure as I am that there was no earthquake this morning.”

Katagiri was stunned. “Then what the hell am I doing in a hospital?”

居心地の悪い微笑

「東京にですか？」

「東京に」

看護婦は首を振った。「私の知る限り、とくに大きな地震は起きていません」

片桐は安堵《あんど》の息をついた。なにがあったにせよ、地震はとにかく回避されたのだ。「ところで私の傷はどうですか？」

「傷？」と看護婦は言った。「傷って、どの傷？」

「撃たれた傷」

「撃たれた？」

「拳銃で。信用金庫の入り口近くで、若い男に。たぶん右の肩」

看護婦は居心地の悪い微笑を口もとに浮かべた。「困りましたね。片桐さんは拳銃で撃たれてなんかいませんよ」

「撃たれていない？　本当に？」

「本当にぜんぜん撃たれていません。それは今朝大地震が起こっていないのと同じくらい本当のことです」

片桐は途方に暮れた。「じゃあ私はなんで病院にいるんですか？」

Translation Notes #29

ℓ.03→ Not as far as I know

「私の知る限りではなかった」。as far as I know は決まった言い方で、「私の知る限り(では)」という意味。もともと There wasn't any (big) earthquake as far as I know という文を省略した形であると考えられる。原文は「私の知る限り、とくに大きな地震は起きていません」(3 行目) である。原文の「とくに」は、この文においては「大きな」を修飾していると考えられるが、実際のところ地震は起きていないので、その正確な意味で用いられているというわけではないであろう。実際、この後に「今朝大地震が起こっていないのと同じくらい本当のこと」(17 行目)とあり、このとき看護師は「今朝大地震は起こっていない」とはっきり否定している。「とくに〜ない」という言い方は否定を和らげる日本語らしい表現で、英語ではあえて訳さない場合が多いと言える。この場合はもともと完全な文というわけではないが、shook her head というジェスチャーの意味も重ね合わせると、まずは明確な否定と受けとれるだろう。

ℓ.05→ Whatever had happened, the earthquake at least had been averted

「(前の日に)何が起こったとしても、地震は少なくとも回避された」。過去完了の文(had happened、had been averted)になっているのは、この病院での出来事の 1 日前に起きたことであるからである。また、この文は自由間接話法の文であるとも考えられる。つまり、片桐の内心の表現でもあり、実際に原文では「なにがあったにせよ、地震はとにかく回避されたのだ」(5 行目)という言い方になっている。なお、whatever はこのように接続詞的に働いて 2 つの文をつなぎ、「たとえ何が〜であるとしても…である、たとえどんなこと(もの)が〜するにしても…する」という意味の構文をつくることができる。動詞 avert はこの場合、「(危険を)避ける、防ぐ」の意味。

ℓ.08→ **How's my wound doing?**

「私の傷はどうですか?」。名詞 wound は「傷、けが」。この文は口語的な表現であり、通常は How is Tom doing?(「最近トムは元気ですか」)などのように、人を主語にして「〜は元気ですか、〜の調子はどうですか」と尋ねることが多い。ただし、この文のように、いくつかの名詞についてはそれが物や事柄を表すものであっても、主語にすることができる。例えば How's your business doing? など。

ℓ.09→ **What wound?**

直訳すれば「何の傷ですか?」。原文は「傷って、どの傷?」(8行目)である。原文には「どの」とあるが、英訳では what を用いている。つまり、そもそも傷がないのに何のことですか、という感じで聞いている。Which wound? と尋ねると、傷があることを前提にして、どの部分の傷のことですか、と具体的に尋ねている印象である。「どの傷」という原文の表現も、前者の意味で尋ねていると考えられるであろう。

ℓ.10→ **Where I was shot**

「自分が撃たれたところ(の傷)」。片桐は自分は撃たれたと思っているので(しかしどこにも痛みがないので、どの部分かわからないまま)、看護師の What wound? という質問に対して、「〜のところ」と場所を答えている。なお、where は関係副詞であり、先行詞(the place)が省略されている。

ℓ.15→ **The nurse flashed a nervous smile in his direction**

直訳すれば「看護師は彼(片桐)のほうに神経質な笑みをちらっと見せた」、つまり「看護師は片桐に向かって少し緊張した感じで(不安そうに)笑った」ということ。動詞 flash はもともと「〜をぱっと照らす、〜をぱっと発火させる」の意味であるが、この場合は「(視線や微笑を)ちらっと向ける・送る、投げかける」という意味で用いられている。形容詞 nervous は「神経質な、不安そうな」。in one's direction あるいは in the direction of 〜 で、「〜の方向に」という決まった言い方である。原文は「看護婦は居心地の悪い微笑を口もとに浮かべた」(13 行目) である。原文では「居心地の悪い微笑」とあるが、この多少独特な表現を英訳では直訳せずに、より自然な表現に言い換えている。一方で、原文と英訳から受ける印象は異なってくると言えるかもしれない。つまり、原文では「居心地の悪い」という表現から、ありもしない傷のことを言及する片桐に対して、看護師がちょっとした気まずさを感じているような印象を受けるが、英訳では flash という動詞や nervous という形容詞が用いられていることから、より緊張感が増しているようでもある。看護師が片桐を少し疑っている、ちょっと変なのではないかと気にしている様子がうかがえるようでもある。原文の雰囲気は、多少きまりが悪い感じではあるが全体的に楽観的と言え、英訳の雰囲気は一瞬神経質なものに変わった感があると言えるかもしれない。また、この違いは、看護師の片桐に対する返答の違いにも表れているとも言えるかもしれない。つまり、原文ではその直後に「困りましたね」(13 行目)と答えているが、英訳では I'm sorry, [...] but (「申し訳ないのですが…」)と答えており、英訳の看護師のほうが片桐に対してより気を遣っているようでもある。

ℓ.16→ **you haven't been shot**

「あなたは(これまで)撃たれていない」。現在完了形は現在の時点までに撃たれていないということを表す。原文は「片桐さんは拳銃で撃たれてなんかいませんよ」(14 行目)である。

ℓ.19→ **As sure as I am that there was no earthquake this morning**

「今朝地震がなかったと確信できるのと同じくらい確かである」、つまり「そのぐらい確かにあなたは撃たれていない」ということを伝えている。文頭のI am が省略されている。比較の表現 as ～ as ... を用いて、次の A と B について「私が確信している度合い、確からしさ」が同じであるということを述べている文である。つまり、A : I am sure (that you haven't been shot) と、B : I am (sure) that there was no earthquake this morning、この2つについて比べている。「地震がなかったということが確かであるのと同じくらいあなたは撃たれていない」ということ。原文は「それは今朝大地震が起こっていないのと同じくらい本当のことです」(17 行目) とある。なお、原文ではこの直前に「本当にぜんぜん撃たれていません」(17 行目) とも述べられているが、英訳では省略されている。「～と同じくらい確かである」という表現は「ぜんぜん撃たれていない」という趣旨の文であり、それだけで十分強い言い方でもあるので略したと考えられる。

ℓ.21→ Katagiri was stunned

「片桐は唖然とした」。形容詞 stunned は「唖然とした、びっくりした」という意味である。原文は「片桐は途方に暮れた」(19 行目)とある。英訳は原文と表現が異なるが、動詞 stun はもともと「～を気絶させる、失神させる」という意味であり、その形容詞の stunned は「声も出ないほど驚いた」、あるいは「茫然自失の」という感じに近く、その意味で原文における片桐のどうしたらよいかわからない感じにとても近い表現であると言える。

ℓ.21→ Then what the hell am I doing in a hospital?

「それならいったい私は病院などで何をしているんだ?」。the hell の意味合いについては 83 ページを参照のこと。this hospital ではなく、a hospital とあるので、「病院のようなところで私は何をしているというのだ」というニュアンスである。原文は「じゃあ私はなんで病院にいるんですか?」(19 行目)。

#30

Awful Nightmares

"Somebody found you lying in the street, unconscious. In the Kabukicho neighborhood of Shinjuku. You didn't have any external wounds. You were just out cold. And we still haven't found out why. The doctor's going to be here soon. You'd better talk to him."

Lying in the street unconscious? Katagiri was sure he had seen the pistol go off aimed at him. He took a deep breath and tried to get his head straight. He would start by putting all the facts in order.

"What you're telling me is, I've been lying in this hospital bed, unconscious, since early evening yesterday, is that right?"

"Right," the nurse said. "And you had a really bad night, Mr. Katagiri. You must have had some awful nightmares. I heard you yelling, 'Frog! Hey, Frog!' You did it a lot. You have a friend nicknamed 'Frog'?"

悪い夢

「片桐さんは昨日の夕方、歌舞伎町《かぶきちょう》の路上で昏《こん》倒《とう》しているところを発見されたんです。外傷はありません。ただ意識を失って倒れていただけです。原因については、今のところはっきりしたことはわかりません。しばらくしたら先生がお見えになりますので、話してみてください」

昏倒？　拳銃が自分に向けて発射されるところを片桐はたしかに目にしたのだ。彼は大きく深呼吸をして頭の中を整理してみた。ひとつひとつものごとを明らかにしていこう。彼は言った。

「ということは、私は昨日の夕方からずっとこの病院のベッドに寝ていたんですね。意識を失って」

「そうです」と看護婦は言った。「昨夜はひどくうなされていましたよ、片桐さん。ずいぶんたくさん悪い夢を見ていたみたい。何度も何度も大声で『かえるくん』と叫んでました。かえるくんというのはお友だちのあだなか何かでしょうか？」

Translation Notes #30

ℓ.01→ Somebody found you lying in the street, unconscious

「あなたが意識のないまま道に倒れているのを誰かが発見した」。in the street で「道に、路上に」。以前に片桐が「歩道の上に大の字に倒れる」という状態を英語では sprawling on the sidewalk と描写していたが（188 ページ参照）、そのときは on the sidewalk というように前置詞は on を用いている。この文でも同じように on the street とすることも可能ではあるが、street という名詞はもともと「街路」や「街」を意味し、「道」よりは空間的に広いものを指しており、前置詞には in を用いることも多い。なお、形容詞 unconscious はこの場合「意識のない、意識不明の」という意味であり、文法的には補語の位置にあるという見方ができる。つまり Somebody found you unconscious、あるいは Somebody found you lying unconscious とつながっている。原文は「片桐さんは昨日の夕方、〜路上で昏倒《こんとう》しているところを発見されたんです」（1 行目）である。原文は「片桐さんは〜発見された」とあるが、英訳では「誰かが〜を発見した」という構文になっている。また原文の「昨日の夕方」という部分は英訳では省略されている。

ℓ.05→ You were just out cold

「あなたはただ意識を失って倒れていた」。be out cold で「意識を失って」という意味の決まった言い方である。口語的表現。例えば誰かに殴られたり、酔いつぶれたときなどに「のびてしまった」感じを表すときに用いられる。

ℓ.05→ we still haven't found out why

「私たちはこれまでのところまだその理由がわかっていない」。現在完了形は、現在の時点まで理由がわかっていないということを示している。find out は「発見する、見つける」。why =

why you were out cold。原文は「原因については、今のところはっきりしたことはわかりません」(4 行目)である。原文の「はっきりしたことはわかりません」という言い方は、その理由が多少わかっているというよりは、むしろ伝えられるほどはわかっていないという意味にとれる。「はっきりとはわからない」という日本語的な言い方は、英訳では「わからない」とシンプルに表されることが多いと言えるであろう。

ℓ.07→ You'd better talk to him

「彼(医師)に話してみるとよいだろう」。この場合、看護師が強い命令口調であるというわけではなく、片桐に「詳しいことはわからないから、それは私ではなく先生に訊いてみるほうがいいでしょう」とアドバイスを与えているという感じである。原文は「(お見えになりますので、)話してみてください」(6 行目)である。

ℓ.11→ He would start by putting all the facts in order

「あらゆる事実を順番に並べることによって始めよう、事実を全て整理することから始めよう」。自由間接話法と考えられる。would (will)という意志を表す助動詞が入ることから片桐の心の中の言葉であると考えられるが、I will start [...] という直接話法で表されているわけではない。一方で He thought that he would [...] という間接話法の文でもない。つまり自由間接話法であると言えるが、この表現によって、直前の語りの文から自然に片桐の意識の中へと入り込んでいくかのような効果があると言えるであろう。なお、原文は「ひとつひとつものごとを明らかにしていこう」(9 行目) とやはり心の中でひとり言をつぶやいているようである。動詞 start の後の前置詞 by は手段を表している。また、put 〜 in order は文脈によって「〜を順番に並べる」、「〜を整理する」、「〜を秩序立てる」などの意味になる。ここでは直前の get his head straight

を言い換えており、つまり「整理する」ということであるが、より具体的に「現実に起きた出来事を整理する」と述べている。原文の「ひとつひとつものごとを明らかに」するという表現とは多少異なるが、「ひとつひとつ」という言い方は、英訳の in order にそのニュアンスが表されていると言える。ちなみに、この後に続く「彼は言った」(10 行目)は英訳では省かれている。

ℓ.16→ you had a really bad night

「あなたは本当に眠れずにいた」、つまり「全く眠れなかったようだ」。have a bad night は成句で「よく眠れない、寝つけない、安眠できない」という意味。原文は「昨夜はひどくうなされていましたよ」(13 行目)である。「うなされる」には、既出の groan という動詞をあてることも可能だろうが、日本語の「うなされる」は「悪夢を見た」ということが前提にあり、その意味合いを込めるには bad night のほうがわかりやすいであろう。

ℓ.17→ You must have had some awful nightmares

直訳すれば「あなたはいくつか恐ろしい悪夢を見たに違いない」、つまり「きっとひどい悪夢を見たのでしょう」。助動詞 must はこの場合、「~であるに違いない」の意味で、推量を表す。また「must have+ 動詞の過去分詞」で「~したに違いない」となり、この形で過去を表す。形容詞 awful は「恐ろしい、ひどい」の意味。名詞 nightmare は「悪夢」、have a nightmare で「悪夢を見る」。原文は「ずいぶんたくさん悪い夢を見ていたみたい」(14 行目)である。原文は「ずいぶんたくさん」として強調しているが、英訳では some となっている。しかし一方で、some awful nightmares と awful を用いて「悪夢」を強調している。このように「ひどい悪夢を少し」と表現したほうが現実味があると言えるかもしれない。

ℓ.18→ Frog! Hey, Frog!

原文では、ただ「かえるくん」と大声で何度も叫んでいる(15 行目)ことになっているが、英訳では Frog だけでなく、Hey, Frog (Hey は「やあ」、「ねえ」、「おい」などの呼びかけ) とも叫んでいる。これまでMr. Frogと何度も呼びかけていた片桐にしては親しみを込めた呼び方をしており、夢の中では片桐は「蛙」に少し親近感を抱いているようでもある。

ℓ.19→ You did it a lot

「何度もそうしていた」。it = yelling。a lotは「たくさん」、この場合は副詞。原文の「何度も何度も」(15行目) の部分に相当する。

ℓ.19→ You have a friend nicknamed 'Frog'?

「あなたには『蛙』というあだなの友達がいるのですか」。nicknameはこの場合動詞で、「nickname +(目的語)+(名)」で「(目的語)に(名)というあだなをつける」の意味。この文では分詞の形でa friendを後ろから修飾している。「『蛙』というあだながつけられた友達」、「『蛙』というあだなを持った友達」の意味。原文は「かえるくんというのはお友だちのあだなか何かでしょうか?」(16行目)。

#31

Unexpected Accident

Katagiri closed his eyes and listened to the slow, rhythmic beating of his heart as it ticked off the minutes of his life. How much of what he remembered had actually happened, and how much was hallucination? Did Frog really exist, and had Frog fought with Worm to put a stop to the earthquake? Or had that just been part of a long dream? Katagiri had no idea what was true anymore.

Frog came to his hospital room that night. Katagiri awoke to find him in the dim light, sitting on a steel folding chair, his back against the wall. Frog's big, bulging green eyelids were closed in a straight slit.

"Frog!" Katagiri called out to him.

Frog slowly opened his eyes. His big white stomach swelled and shrank with his breathing.

"I meant to meet you in the boiler room at night the way I promised," Katagiri said, "but I had an accident in the evening – something totally unexpected – and they brought me here."

Frog gave his head a slight shake. "I know. It's OK. Don't worry. You were a great help to me in my fight, Mr. Katagiri."

予期せぬ事故

片桐は目を閉じて心臓の鼓動に耳を澄ませた。それはゆっくりと規則正しく生命のリズムを刻んでいた。いったいどこまでが現実に起こったことで、どこからが妄想の領域に属することなのだろう。かえるくんは実在し、みみずくんと闘って地震をくい止めたのだろうか。それともすべては長い白日夢の一部に過ぎなかったのか？　片桐にはわけがわからなかった。

その日の夜中にかえるくんが病室にやってきた。片桐が目を覚ますと、小さな明かりの中にかえるくんがいた。かえるくんはスチールの椅子《いす》に腰をおろし、壁にもたれかかっていた。とても疲れているように見えた。大きく飛び出た緑の目は、横一本のまっすぐな線になって閉じられていた。

「かえるくん」と片桐は呼びかけた。

かえるくんはゆっくりと目を開けた。大きな白い腹が呼吸にあわせてふくらんだりしぼんだりしていた。

片桐は言った。「約束どおり真夜中にボイラー室に行くつもりでいたんだ。でも夕方に予期せぬ事故にあって、この病院に運び込まれてしまった」

かえるくんはかすかに首を振った。「よくわかっています。でも大丈夫、心配することはありません。片桐さんはぼくの闘いをちゃんと助けてくれました」

Translation Notes #31

ℓ.01→ Katagiri [...] listened to the slow, rhythmic beating of his heart as it ticked off the minutes of his life

「片桐は自分の心臓がゆっくりと規則的に鼓動し、生命の時を刻むのを聞いていた」。形容詞 rhythmic は「リズミカルな」、あるいは「規則的な、周期的な」という意味。slow と rhythmic の両方の形容詞が名詞 beating「鼓動」を修飾している。つまり「ゆっくりとしてリズミカルな（あるいは規則的な）心臓の鼓動」ということ。接続詞 as は「〜のように」という様態の意味であるが、この場合は一種の関係代名詞のように直前の名詞を修飾し（「〜のような〈名詞〉」）、その名詞の概念を限定する働きを持っている。つまり、「彼の生命の一分一分の時がカチカチと鳴っているような心臓の鼓動、カチカチと生命の時の音を告げるような心臓の鼓動」ということ。名詞の tick は時計がカチカチとなる音を表し、したがって動詞は「カチカチと時を刻む」という意味になる。また、tick off や tick out はその音が大きく聞こえるイメージで、「カチカチと音を立てて時を示す、知らせる」といったニュアンスで用いられる。

原文の「片桐は〜心臓の鼓動に耳を澄ませた。それはゆっくりと規則正しく生命のリズムを刻んでいた」（1 行目）に相当する英訳である。原文と英訳では単語や表現の語順が異なっているものの、英訳は原文で用いられている単語を丁寧に並べ、またいくつか新たな英語を補いながら片桐が心臓の鼓動を聞いている状況について説明している。ただし、各文から受ける印象は多少異なっていると言えるかもしれない。原文では、片桐の心臓の鼓動が「生命のリズムを刻んでいた」とあり、片桐が自分は（現実に）生きているということを体感、あるいは実感しているように受けとれる。一方、英訳は ticked off the minutes of his life という時計の針の動きをイメージするようなフレーズがあり、片桐は心臓の機械的な鼓動の音を聞いているようであり、原文に比べるといくらか片桐の不安な心情がうかがえるようでもある。つまり、生命の時が刻々と進むということは誰にも止められないわけで、それは例えば、自分の体がすでに自分のものではないというような感覚であるかもしれない。あるいはどこかで死を意識している感覚であるとも言えるかもしれない。このように、全体的には同じ状況を述べている2つの文であるが、多少の言葉遣いや語順の相違によって読者の受け止め方にちょっとした違いが出てくるということはあるだろう。

ℓ.05→ how much was hallucination

「どのくらいが幻想であるの（だろう）か」。名詞 hallucination は「幻想、幻覚」。自由間接話法の文と考えられる。直接話法であれば How much is hallucination? である。過去から現在も含めてどれくらいが幻想であるのだろうかと考えている。原文は「どこからが妄想の領域に属することなのだろう」（3行目）とある。原文は「妄想の領域」とあるが、この「領域」という言葉そのものは訳されていない。ただ、この後に the area of imagination（226ページ、ℓ.12）という表現が見られ、この部分の原文は単に「想像力」（227ページ、10行目）とあるのを「想像の領域」という表現に言い換えている。

ℓ.09→ Katagiri had no idea what was true anymore

「片桐はもはや何が本当であるのか全くわからなかった」。このように目的語に間接疑問文の形（what was true）がくるときは、idea の後の前置詞 of を省略できる。副詞 anymore は「これ以上、もはや〜ない」という意味。原文は「片桐にはわけがわからなかった」（7行目）。「わけ」は「何が本当か（事実か）」という表現に言い換えられている。

ℓ.13→ Katagiri awoke to find him in the dim light

「片桐が目を覚ますと彼(『蛙』)が薄ぼんやりとした明かりの中にいるのがわかった、目を覚ますと『蛙』が薄明かりの中にいた」。awoke は動詞 awake「目覚める」の過去形。構文「awake + to 不定詞」=「目を覚ますと〜である」。この文のように、awake の後の to 不定詞には find という動詞が来ることがほとんどである。なお、この to 不定詞は文法的には副詞的用法であるが、目的ではなく明らかに結果として示されているもので、このような文を訳すときは出来事が起こった順に前から訳すということになる。形容詞 dim は暗さを表す単語であり、「薄暗い、ほの暗い」を意味するが、「薄ぼんやりした、おぼろげな、曇った」などの意味にもなる。したがって、dim light は「薄明り、ぼんやりとした明かり、ほのかな明かり」といったイメージになる。

原文は「片桐が目を覚ますと、小さな明かりの中にかえるくんがいた」(9行目) である。「小さな明かり」という表現はそれほど具体性があるわけではないが、かえるくんの周囲だけぽっと明かりに照らされているという印象があるかもしれない。一方、英訳の dim light は部屋全体が薄暗いという印象にも受けとれる。

ℓ.14→ sitting on a steel folding chair

「スチールの折りたたみ椅子に座っていて」。「蛙」の様子を表しており、文法的にはこの前の文の目的語である him (=Frog) を説明している。分詞構文というよりは、前の文とつながって補語の位置にあると考えることができるだろう。つまり to find him sitting on a [...] chair とつながっていると考えられる。動詞 fold は「折る、折りたたむ」の意味で、folding chair は「折りたたみ椅子」を指す。原文は「かえるくんはスチールの椅子《いす》に腰をおろし」(11 行目) とある。原文はただ「スチールの椅子」とあるが、英訳では「スチールの折りたたみ椅子」と限定されている。病室にあるような「スチールの椅子」ということで、そのイメージをより具体的なもので表していると考えられる。

ℓ.14→ his back against the wall

直訳すれば「彼(『蛙』)の背中は壁にもたれかかっている状態だった」、つまり「壁に背をもたれかけていた、壁にもたれかかって・寄りかかっていた」ということ。文法的には独立分詞構文と考えられる(= his back being against the wall)が、意味を理解するには with(「～の状態で」)が省略されていると考えるとよいであろう。つまり、with his back against the wall という付帯状況を表し、「蛙」が薄明りの中で椅子にどのような状態で座っていたかということを補足的に説明している。なお、前置詞 against はこの場合「～にもたせかけて、～にもたれて」の意味である。with one's back against the wall はよく用いられる、ほぼ決まった表現である。

ちなみに、原文はこの部分「壁にもたれかかっていた」(11 行目)であるが、その次の「とても疲れているように見えた」(12 行目)という文に相当する英訳の表現は見当たらない。英訳におけるこの段落は「蛙」の描写に関する客観的な事実だけを述べており、したがって「蛙」のイメージは、目を閉じているという次の描写も踏まえると、多少ミステリアスに映るだろう。疲れているようにも瞑想しているようにも眠っているようにもとらえられ、読者の想像力をかき立てると言える。

ℓ.15→ Frog's big, bulging green eyelids were closed in a straight slit

「『蛙』の大きくてふくらんだ緑色のまぶたは、まっすぐ横一線に閉じられていた」。原文は「大きく飛び出た緑の目は、横一本のまっすぐな線になって閉じられていた」(12 行目) である。この漫画的なかえるくんの描写を、英訳でも同じようにわかりやすく表している。原文では「目」が「大きく飛び出た」とあるが、英訳では「まぶた」が「大きくてふくらんでいる」となっている。これは、大きな目のふたがぱっくり開いたり閉じたりするという蛙の漫画的なイメージを原文に合わせてわかりやすく表現しており、その後の slit という言葉と合わせて、「目」ではなく「まぶた」という単語が選択されていると考えられる。

ℓ.17→ Katagiri called out to him

「片桐は彼(『蛙』)に大きく呼びかけた」。call out は「大きく叫ぶ、大きな声で呼びかける」の意味。原文は「片桐は呼びかけた」(15 行目) である。以前、片桐が看護師に「声をかけた」(201 ページ、7 行目)際には he called to the nurse (200 ページ、ℓ.9)とある。ここでは「呼びかけた」とあり、「蛙」を目の前にして思わず名前を呼んだ状況であるので、副詞 out の挿入によってニュアンスを変えている。

ℓ.19→ swelled and shrank

「ふくらんでしぼんだ、ふくらんだりしぼんだりした」。動詞 swell は「ふくれる、膨張する、腫《は》れる」の意味。shrank は動詞 shrink の過去形。shrink は「縮む、小さくなる」という意味で、ここでは「しぼむ」ことを意味する。原文は「ふくらんだりしぼんだりしていた」(17 行目)とあり、繰り返しの行為が示されている。英訳は直訳すれば「ふくらんでしぼんだ」という一度きりの行為であるが、直後の with his breathing「呼吸と合わせて」という表現から、それが繰り返されていることは明らかであり、それ以上の言葉は必要としない。

ℓ.21→ I had an accident in the evening — something totally unexpected — [...]

「私は夕方に事故にあった、全く予期しないような事故に」。原文は「夕方に予期せぬ事故にあって」(19 行目) とだけある。英語の accident は「事故」という意味であるが、もともと「偶然の出来事」を指す単語でもあり「事故」や「災難」などに留まらない。つまり、accident という一語だけでそれが偶然に起きたことが意味され、原文の「予期せぬ事故にあって」という言い方は I had an accident のみで十分である。ただし、この英訳では、その起きた出来事が実際に途方もないことであったことから、「予期せぬ」ということを強調し、something totally unexpected という原文にはないフレーズを足している。その場合 something unexpected では an accident の繰り返しに過ぎないので、副詞の totally を用いて強調することになる。なお、totally はこの場合「全くもって、本当に」の意味。

ℓ.23→ they brought me here

「彼らは私をここに連れてきた、私はここに連れてこられた」。they は漠然と病院関係者を指している。動詞 bring は「〜を（ある場所に）連れてくる、持ってくる、運んでくる」の意味。原文は「この病院に運び込まれてしまった」（20 行目）である。原文は受身の形になっているが、英語で I was brought という言い方は文法的には可能であるが、一般的な言い方ではなく、このようにある特定の主語（もしくは不特定の人を指す they など）を用いて能動文で表すのが普通である。

ℓ.24→ Frog gave his head a slight shake

= Frog slightly shook his head 「『蛙』はかすかに首を振った」。この場合の shake は名詞。give 〜 a shake で「〜を振る、〜を揺する」という決まった言い方。形容詞 slight は「かすかな」。原文の「かえるくんはかすかに首を振った」（21 行目）をそのまま文字通りに訳していると言える。原文の「首を振った」という行為が、首を横に振る仕草にも、頭を縦に振ってうなずく仕草にも両方の意味に受けとれるように、Frog gave his head a slight shake という言い方はどちらにも受けとれるであろう。

ℓ.25→ You were a great help to me in my fight, Mr. Katagiri

「片桐さん、あなたは私の闘いで私を大いに助けてくれました」。名詞 help には「助け」の意味のほか、「助けになる人、役立つもの」の意味もある。よく用いられる決まった表現でもあり、You were a great/big help to me. などのように用いられる。原文は「片桐さんはぼくの闘いをちゃんと助けてくれました」（22 行目）である。英訳の文において前置詞の in が用いられているのは「〜において」という意味であるが、この後で「夢の中で助けてくれた」という表現もあることから、その想像の世界における闘いという意味も込めて in my fight となっているということもあるかもしれない。

#32

In The Area of Imagination

“I was?”

“Yes, you were. You did a great job in your dreams. That’s what made it possible for me to fight Worm to the finish. I have you to thank for my victory.”

“I don’t get it,” Katagiri said. “I was unconscious the whole time. They were feeding me intravenously. I don’t remember doing anything in my dreams.”

“That’s fine, Mr. Katagiri. It’s better that you don’t remember. The whole terrible fight occurred in the area of imagination. That is the precise location of our battlefield. It is there that we experience our victories and our defeats. Each and every one of us is a being of limited duration: all of us eventually go down to defeat. But as Ernest Hemingway saw so clearly, the ultimate value of our lives is decided not by how we win but by how we lose. You and I together, Mr. Katagiri, were able to prevent the annihilation of Tokyo. We saved a hundred and fifty thousand people from the jaws of death. No one realizes it, but that is what we accomplished.”

想像力の中で

「私が君を助けた？」

「ええ、そうです。片桐さんは夢の中でしっかりとぼくを助けてくれました。だからこそぼくはみみずくん相手になんとか最後まで闘い抜くことができたんです。片桐さんのおかげです」

「わからないな。私は長い時間ずっと意識を失っていたし、点滴を受けていた。自分が夢の中で何をやったのか、ぜんぜん覚えていないんだ」

「それでよかったんですよ、片桐さん。何も覚えていない方がいい。いずれにせよ、すべての激しい闘いは想像力の中でおこなわれました。それこそがぼくらの戦場です。ぼくらはそこで勝ち、そこで破れます。もちろんぼくらは誰もが限りのある存在ですし、結局は破れ去ります。でもアーネスト・ヘミングウェイが看破したように、ぼくらの人生は勝ち方によってではなく、その破れ去り方によって最終的な価値を定められるのです。ぼくと片桐さんはなんとか東京の壊滅をくい止めることができました。15万人の人々が死のあぎとから逃れることができました。誰も気づいていませんが、ぼくらはそれを達成したのです」

Translation Notes #32

ℓ.01→ I was?

「私がですか」。つまり、前の文を受けて I was a great help to you? と聞き返しているということである。原文は「私が君を助けた?」(1 行目)である。

ℓ.02→ You did a great job in your dreams

「あなたの夢の中で実によくやってくれた」。名詞 job は「仕事」の意味のほかに、「大変なこと、難しいこと」の意味もあるが、You did a great job は相手が行ったことを褒めたり賞賛したりする際の決まり文句でもある。原文は「片桐さんは夢の中でしっかりとぼくを助けてくれました」(2 行目) である。前の You were a great help to me (218 ページ、ℓ.25) という表現と同様、原文の「しっかりと」、あるいは「ちゃんと」は、英語では great とするのが自然であると言える。

ℓ.05→ I have you to thank for my victory

直訳すれば「私は私の勝利についてあなたに感謝する」、つまり「私が勝ったことをあなたに感謝する、私が勝ったのもあなたのおかげだ」ということ。I have (人) to thank for ～ は決まった言い方で、「～について (人) に感謝する、～は (人) のおかげである」という意味。原文は「片桐さんのおかげです」(5 行目)とある。原文には「勝利」、あるいは「勝った」という表現はない。この I have (人) to thank for ～ という表現は、「～について」を意味する for ～ という前置詞句をとる必要があり、英訳では for my victory という表現がくることになる。この物語において、「蛙」(と片桐) が実際に闘いに「勝った」のかどうかは実のところわからないが、地震を食い止めたという点では「勝利」と言えるであろう。また、my victory 「私の勝利、私が勝ったこと」という言い方は、実際の闘いでは「蛙」は確かに一人で闘ったということになり、勝敗にかかわらず「蛙」のこの闘いにおける自信を表しているとも言えるかもしれない。

ℓ.11→ The whole terrible fight occurred in the area of imagination

「その恐ろしい闘いの全ては想像の領域で起こった」。動詞occurは「起こる、生ずる」。原文は「いずれにせよ、すべての激しい闘いは想像力の中でおこなわれました」(10行目)である。片桐の記憶があるにせよないにせよ、闘いは想像力の中で行われたという結論をまず述べた文であると考えられる。一方、英訳には「いずれにせよ」に相当する表現がなく、前の文とつなげて読む場合、片桐が何も記憶していないほうがよいと言える理由を説明している文だと受けとることもできるだろう。

なお、原文の「激しい闘い」はterrible fightと訳されている。形容詞terribleは「恐ろしい、ひどい、大変な」の意味である。また、原文の「想像力の中で」という表現は英語ではin the area of imagination「想像の領域において」となっている。これはこの直後にあるthe precise locationという表現と関連していると考えられる。

ℓ.12→ That is the precise location of our battlefield

「それ(その場所)こそがまさに私たちの戦場の地である、それこそがまさに私たちの戦場である」。Thatは直前のthe area of imaginationを指している。形容詞preciseは「正確な」の意味のほかに、「まさにその」という意味もあり、その場合は形容詞のveryと同じ意味である。名詞battlefieldは「戦場」。原文は「それこそがぼくらの戦場です」(11行目)である。原文の「それ」は「想像力」を受けていると考えられ、「戦場」という言葉を比喩的に用いている。それを英訳ではより論理的に、あるいはより直喩的に「戦場のような場所」という言い方で説明していると言える。つまり、前の文で原文の「想像力」について、the area of imagination というように「分野・領域」と「場所」の両方を意味する area という言葉を用いて表し、そしてそれをまた新たに location（「場所」）という単語で受けることによって、それが「戦場という場所」であるということを明確に定義している。原文では「想像力」と「戦場」という言葉がある種、曖昧に結びついているが、それを英訳では area や location という言葉を添えることで、文字の上では論理的に意味が結びついていると言えるであろう。なお、原文の「ぼくら」という言い方は、英語では our（主語であれば we）で受けることになる。

ℓ.13→ **It is there that we experience our victories and our defeats**

「私たちが私たちの勝利や敗北を経験するのはまさにそこで（その場所で）ある、まさにそこで私たちは勝利や敗北を味わうのである」。強調構文。この文では there（= the area of imagination, the location of our battlefield）を強調している。原文は「ぼくらはそこで勝ち、そこで破れます」（12 行目）である。原文のシンプルな文に比べると多少堅い、あるいはもったいぶった表現になっていると言えるかもしれないが、いかにも「蛙」らしい言い回しでもある。

ℓ.17→ **the ultimate value of our lives is decided not by how we win but by how we lose**

「私たちの人生の最終的な価値は勝ち方ではなく負け方によって決定される」。形容詞 ultimate は「究極の、最終の、最終的な」という意味。be decided by ～ は「～によって決定される、～によって決まる」。また、「not A but B」=「A ではなくB」、この A と B にそれぞれ by how we win と by how we lose がきており、「勝ち方ではなく負け方によって」となる。how は関係副詞で、「～する方法」の意味。原文は「ぼくらの人生は勝ち方によってではなく、その破れ去り方によって最終的な価値を定められるのです」（15 行目）である。原文は「その破れ去り方」とあるので、「人生をどう破れ去っていくか」

ということによって人生の価値が決まると読めるが、英訳ではただ how we win/lose とあるので一般的な物事の勝ち負け、勝敗といった意味で読むこともできるだろう。

ℓ.21→ We saved [...] people from the jaws of death

「私たちは死の淵から人々を救った」。the jaws of death は成句で、「死地、窮地」の意味。save ~ from the jaws of death で決まった言い方である。原文は「～人々が死のあぎとから逃れることができました」(18 行目)。「あぎと」は人や動物の顎《あご》を意味し、英語の jaw も同じく「顎」を意味するので、この部分は逐語訳のようになっていると言える。なお、原文はただ「人々は逃れることができた」とあるが、英訳では saved people とあり、動詞 save を用いることで Superman ならぬ Super-Frog が人類を救ったというイメージが、はっきりと結論として表れていると言えるかもしれない。

#33

Phantoms of The Darkness

"How did you manage to defeat Worm? And what did *I* do?"

"We gave everything we had in a fight to the bitter end. We — " Frog snapped his mouth shut and took one great breath, " — we used every weapon we could get our hands on, Mr. Katagiri. We used all the courage we could muster. Darkness was our enemy's ally. You brought in a foot-powered generator and used every ounce of your strength to fill the place with light. Worm tried to frighten you away with phantoms of the darkness, but you stood your ground. Darkness vied with light in a horrific battle, and in the light I grappled with the monstrous Worm. He coiled himself around me, and bathed me in his horrid slime. I tore him to shreds, but still he refused to die. All he did was divide into smaller pieces. And then — "

闇の幻影

「君はどんな風にみみずくんを打ち破ったの？そして私は何をしたんだろう？」

「ぼくらは死力を尽くしました。ぼくらは……」、かえるくんはそこで口をつぐんで、大きく息をついた。「ぼくと片桐さんは、手にすることのできたすべての武器を用い、すべての勇気を使いました。闇《やみ》はみみずくんの味方でした。片桐さんは運び込んだ足踏みの発電器を用いて、その場所に力のかぎり明るい光を注いでくれました。みみずくんは闇の幻影を駆使して片桐さんを追い払おうとしました。しかし片桐さんは踏みとどまりました。闇と光が激しくせめぎあいました。その光の中でぼくはみみずくんと格闘しました。みみずくんはぼくの身体《からだ》に巻き付き、ねばねばした恐怖の液をかけました。ぼくはみみずくんをずたずたにしてやりました。でもずたずたにされてもみみずくんは死にません。彼はばらばらに分解するだけです。そして——」

Translation Notes #33

ℓ.01→ How did you manage to defeat Worm?

直訳すれば「あなたはどのようにして『みみず』をうまく打ち負かすことができたのか」、つまり「どのようにして『みみず』を退治したのか、打ち破ったのか」ということ。似たような表現が154ページ、ℓ.14に用いられている。

ℓ.03→ We gave everything we had in a fight to the bitter end

「私たちは死力を尽くす闘いにおいて持ちうる全てを捧げた」、あるいは「私たちは闘いにおいて持ちうる全ての力を最後の最後まで注いだ」。つまりは「全力を出して最後まで闘った」ということ。この文の動詞 give は「(努力や命などを)捧げる、(代償として〜を)与える・犠牲にする」の意味。to the bitter end は成句で「(不快や困難を越えて)最後の最後まで、あくまで、とことん」という意味。形容詞 bitter は「苦い」の意味の他、「つらい、厳しい、容赦ない」などの意味があり、the end を強調していると言える。この形で述語動詞の gave を修飾しているとも考えられるが、a fight to the bitter end はある程度決まった言い方でもあり、「死闘」といった意味合いになる。その他、a fight to the death などの言い方もある。

原文は「ぼくらは死力を尽くしました」(3行目)である。原文のシンプルな文に比べると、英訳は多少凝った表現(あるいは文体)となっていると言えるであろう。「蛙」のもったいぶった言い方が繰り返されているようでもあり、また原文の「死力を尽くし」という表現を英語で表すには、ある程度言葉を重ねて誇張する必要があるということかもしれない。

ℓ.05→ **we used every weapon we could get our hands on**

「私たちは手にすることのできるあらゆる武器を使った」。weaponの後には関係代名詞のthatが省略されており、that以下の節が先行詞every weaponを修飾している。get one's hands on ～ は「～を手にする、手に入れる」という決まった表現。場合によってはネガティヴな意味合いで「～に手を出す、～を手中に収める」といったようにも用いられる表現である。原文は「ぼくと片桐さんは、手にすることのできたすべての武器を用い」(4行目)である。

なお、原文の「ぼくと片桐さん」の「片桐さん」は、英訳ではこの文に付随した [...], Mr. Katagiriという呼びかけに反映されていると言える。英訳では原文にないMr. Katagiriという呼びかけがこれまで何度か挿入されている。これは文章の中で固有名詞を繰り返すことが可能な日本語に比べて、英語ではそれらを受けた代名詞を用いる傾向があるため、合間合間に「片桐さん」という「呼びかけ」を挿入することでその固有名詞が思い起こされ、表現が単純になることを避けられるということが言える。

ℓ.07→ **We used all the courage we could muster**

「私たちは奮い起こせる全ての勇気を用いた」。動詞musterはこの場合「(勇気や力を)奮い起こす」という意味。原文の「(ぼくと片桐さんは～)すべての勇気を使いました」(6行目)の部分に相当する英訳である。原文の「(～)すべての武器を用い、すべての勇気を使いました」(5行目)という一文を英訳では2つの文に分けていることになるが、ただ2つとも全く同じ構文をとり、関係代名詞節がeveryやallを含んだ先行詞を修飾する形をとっている。

ℓ.08→ Darkness was our enemy's ally

「闇が私たちの敵の味方になった、闇は敵の味方だった」。名詞 ally（発音記号:[əlái, ǽlàɪ]）は「同盟国、同盟者」の意味。原文は「闇《やみ》はみみずくんの味方でした」（6 行目）である。日本語の「味方」は闘いの場に限らず一般的な文脈でも幅広く用いられるが、ally は基本的には闘いや戦争の文脈で用いられる単語である。そのためか、原文の「みみずくんの」は英訳では「敵の」という表現に変わっている。

ℓ.08→ You brought in a foot-powered generator

「あなたは足踏み式の発電機を持ち込んだ」。bring in ～は「～を持ち込む」の意味。foot-powered は形容詞で文字通りには「（人の）足が動力の」という意味、「発電機」を意味する名詞 generator と合わせて、「足踏み式の発電機」をイメージすることができる。なお、powered は「～によって動く、～が動力の」という意味である。なお、原文は「片桐さんは運び込んだ足踏みの発電器（を用いて～光を注いでくれました）」（7 行目）とあり、「運び込んだ発電機を片桐が用いた」という構文である。厳密に言えば、発電機を運び込んだのが片桐であるかどうか特定できないと言えるが、英訳では「あなたが発電機を運び込んだ」として、またそれを用いたことは明らかであるため、次の文では「ありったけの力でその場を照らした」として、その行動の内容をすぐに描写している。

ℓ.09→ used every ounce of your strength to fill the place with light

直訳すれば「その場を光で満たすためにありったけの力を用いた」、つまり「ありったけの力を用いてその場所を光で満たした、全力でその場を光で照らした」ということ。名詞 ounce（発音記号:[áuns]）は質量を表す単位で、1 オンスは 28.35 グラム、1 ポンド（pound [páund]）の 16 分の 1 の重さを表す。従って、used every ounce of your strength は「持てる力の 1 オンスでもふりしぼって」という感じになるが、ounce of strength は決まった言い方でもあり、その他に例えば summon the last ounce of strength「最後の気力をふりしぼる」などの言い方もできる。また、to 不定詞は副詞的用法、fill A with B は「A を B で満たす、いっぱいにする」という決まった言い方。原文は「その場所に力のかぎり明るい光を注いでくれました」(8 行目) である。原文の「注ぐ」は、そのまま英語の pour を用いることも可能であろうが、ここではその前から続いている use を用いた文をあえて繰り返しているとも考えられる。つまり、used every weapon、used all the courage、used every ounce of your strength と繰り返すことで、とにかくあらゆる手段や力を用いて闘ったことが強調されていると言える。

ℓ.11→ Worm tried to frighten you away with phantoms of the darkness

「『みみず』は闇の幻影を用いてあなたを怖がらせて追い払おうとした」。動詞 frighten は「～を怖がらせる、ぎょっとさせる、おどかす」の意味、その後に様々な副詞(句)を用いることでその結果を表すことができる。この場合は away を伴い、「怖がらせて～を追い払う、おどかして～を追い出す」という意味になる。前置詞 with はこの場合、手段を表す。原文は「みみずくんは闇の幻影を駆使して片桐さんを追い払おうとしました」(9 行目)である。原文は「闇の幻影を駆使して」とあり、片桐の発電器に対抗した何か「幻影」という装置でも用いたかのようであるが、一方で英訳では動詞 frighten や名詞 phantom といった単語を用い、どちらかと言えば闇の亡霊のような何か恐ろしい存在でもって対抗しているようでもあり、原文と英訳で微妙にイメージが異なると言えるかもしれない。phantom は「幻影」や「幽霊」を意味し、まさに光と闇が織りなす「幻影」にぴったりの言葉であるが、また一方で phantom は具体的な形や像を想起させるもので、「お化け」というイメージを持つ言葉でもある。

ℓ.13→ Darkness vied with light in a horrific battle

「恐怖の闘いにおいて闇は光と争った」、「闇と光は熾《し》烈《れつ》な戦いを交わした」。動詞 vie は「（A と B が優劣を）競う、張り合う」の意味で、「A vie with B」という形をとる。原文は「闇と光が激しくせめぎあいました」（10 行目）である。ここではただ「格闘する」という意味だけでなく、「光」と「闇」といった相反するものがせめぎあうという、やや抽象的な意味も込められているとも考えられ、英訳では fight や battle などの動詞ではなく、あえて vie という動詞が用いられているとも考えられる。また、形容詞 horrific は基本的に「恐ろしい、ぞっとするような」という「恐怖」の感覚を表す単語であるが、文脈によっては「凄まじい、ものすごい」と程度を強調する場合にも用いられる。この場合、原文は「激しくせめぎあう」とあり、その「激しく」を訳していると受けとれる。もしくは、この前文に frighten や phantom という恐怖を表す言葉が用いられていることを考えれば、原文にはない horrific という形容詞があえて用いられたとも考えられるであろう。

ちなみに、かえるくんが説明する原文の格闘シーンは全体的に、その想像される激しさに比べるとやや淡々と説明されている印象であり、抽象的あるいは寓意的な要素があると言えるかもしれない。一方で英訳における「蛙」の説明は「いかに全力を尽くしたか」、「いかに恐ろしい闘いが繰り広げられたか」ということを、似た表現や言葉を繰り返すことで強調しているようでもある。その意味では原文に比べるとおぞましさや劇的な雰囲気が強められているようでもある。ただし、その中でこの一文は「闇と光の闘い」という抽象度の高さを担った文でもあり、それは darkness や light が無冠詞で表されていること、また、the battle ではなく a horrific battle となっていることにも表されていると言えるであろう。

ℓ.14→ in the light I grappled with the monstrous Worm

「私は光の中で怪物のような『みみず』と取っ組み合った」。

動詞 grapple は「～をつかむ、～につかみかかる」の意味、grapple with ～で「～と取っ組み合う、(つかみ合って)格闘する」となる。原文は「その光の中でぼくはみみずくんと格闘しました」(11 行目)である。原文では単に「みみずくん」とあるが、英訳では形容詞 monstrous を用いて、やはり恐ろしさを強調していると言えるであろう。なお、monstrous は「怪物のような」の意味の他、「ものすごい、巨大な」という意味にもなる。また、原文の「格闘する」は英訳では grapple という動詞を用い、より具体的に描写されていると言える。

ℓ.16→ bathed me in his horrid slime

「彼(『みみず』)の恐ろしいねばねばしたものを私に浴びせた」。動詞 bathe は「～を入浴させる」の意味のほか、「bathe ～ in ...」で「～を(水や液体などに)浸す、(水や液体などで)びっしょり濡らす」の意味にもなる。形容詞 horrid は基本的に「恐ろしい」の意味であるが、特に「不快さ、おぞましさ」を表すときに用いられる。名詞 slime は「どろどろしたもの、ねばねばしたもの」を指す。原文は「ねばねばした恐怖の液をかけました」(13 行目)である。

ℓ.17→ but still he refused to die

「それでも彼(『みみず』)は死のうとしなかった、どうしても死ななかった」。副詞 still は「それでもなお」。動詞 refuse は「拒絶する、拒否する」の意味。ここでは名詞的用法の to 不定詞を目的語に用いて、「死ぬことを拒否した」ということであるが、つまり抵抗してなかなか死ななかったことを表す。原文は「でもずたずたにされてもみみずくんは死にません」(14 行目) である。原文は「みみずくんは死にません」と事実を述べているが、英訳では refuse を用いることで「なかなか死のうとしなかった」という意味合いになる。なお、原文の 12 行目では「みみずくん」が何度も繰り返されているが、英訳では全て代名詞 he や him で受けている。

#34

I Am Utterly Exhausted

Frog fell silent, but soon, as if dredging up his last ounce of strength, he began to speak again. “Fyodor Dostoevsky, with unparalleled tenderness, depicted those who have been forsaken by God. He discovered the precious quality of human existence in the ghastly paradox whereby men who had invented God were forsaken by that very God. Fighting with Worm in the darkness, I found myself thinking of Dostoevsky’s ‘White Nights.’ I . . .” Frog’s words seemed to founder. “Mr. Katagiri, do you mind if I take a brief nap? I am utterly exhausted.”

“Please,” Katagiri said. “Take a good, deep sleep.”

“I was finally unable to defeat Worm,” Frog said, closing his eyes. “I did manage to stop the earthquake, but I was only able to carry our battle to a draw. I inflicted injury on him, and he on me. But to tell you the truth, Mr. Katagiri . . .”

“What is it, Frog?”

“I am, indeed, pure Frog, but at the same time I am a thing that stands for a world of un-Frog.”

“Hmm, I don’t get that at all.”

ぼくは疲れました

そこでかえるくんは黙り込んだ。それから力を振り絞るように再び口を開いた。

「フョードル・ドストエフスキーは神に見捨てられた人々をこのうえなく優しく描き出しました。神を作り出した人間が、その神に見捨てられるという凄絶《せいぜつ》なパラドックスの中に、彼は人間存在の尊さを見いだしたのです。ぼくは闇の中でみみずくんと闘いながら、ドストエフスキーの『白夜《びゃくや》』のことをふと思いだしました。ぼくは……」とかえるくんは言いよどんだ。「片桐さん、少し眠っていいですか。ぼくは疲れました」

「ぐっすり眠ればいい」

「ぼくはみみずくんを打ち破ることはできませんでした」と言ってかえるくんは目を閉じた。「地震を阻止することはどうにかできましたが、みみずくんとの闘いでぼくにできたのは、なんとか引き分けに持ち込むことだけでした。ぼくはみみずくんに被害を与え、みみずくんもぼくに被害を与えました。……でもね、片桐さん」

「なんだい？」

「ぼくは純粋なかえるくんですが、それと同時にぼくは非かえるくんの世界を表象するものでもあるんです」

「私にはよくわからないな」

Translation Notes #34

ℓ.01→ but soon, as if dredging up his last ounce of strength, he began to speak again

「しかしすぐに、彼(『蛙』)はまるで最後の気力をふりしぼるようにして再び話し始めた」。動詞 dredge は「浚渫《しゅんせつ》する」の意味。従って、dredge up は底の泥をさらったり、掘り起こす行為などを指すが、このように比喩的な意味で「最後に残る力を搔き出す」、つまり「最後の気力をふりしぼる」という意味でも用いられる。その他 dredge up は「過去の事柄を掘り起こす、蒸し返す」などの意味でも用いられる。原文は「それから力を振り絞るように再び口を開いた」(1 行目)である。原文ではシンプルに「それから」とあり、少し間を置いた感じが出ているが、英訳では but soon という表現を用いて前の文と接続している。

ℓ.03→ Fyodor Dostoevsky, with unparalleled tenderness, depicted those who have been forsaken by God

「フョードル・ドストエフスキーは比類なき優しさでもって神に見捨てられた人々を描いた」。形容詞 unparalleled は「並ぶもののない、比類のない、たぐいまれな」、名詞 tenderness は「優しさ、愛情、親切心」などの意味になる。また、with tenderness で「優しく、愛情深く」、これ自体はごく一般的な表現であるものの、この場合は unparalleled という形容詞を添えることで少し堅い言い方、あるいは凝った言い回しになっていると言える。原文は「フョードル・ドストエフスキーは神に見捨てられた人々をこのうえなく優しく描き出しました」(3 行目)とある。原文の「このうえなく優しく」という表現と比べると、英訳の「蛙」の言い方は少しもったいぶっているようでもある。なお、動詞 depict は「～を描く、描写する」、those は「人々」の意味で who で始まる関係代名詞節によって修飾されている。動詞 forsake は「～を見捨てる、見放す」、特に God will never forsake thee など「神」と結びつきやすい単語でもある。なお、現在完了形（have been forsaken）はこの場合、完了を表す。

ℓ.06→ **He discovered the precious quality of human existence in the ghastly paradox whereby [...]**

「彼は～とされるところの（～という）恐ろしいパラドックスの中に人間存在の貴重性（尊さ）を見つけ出した」。形容詞 precious は「貴重な、尊い」、名詞 quality は「質、性質、～性」などの意味。また、形容詞 ghastly は「恐ろしい」の意味であるが、もともと「幽霊のような、死人のような」という意味を持ち、その意味で「ぞっとする、青ざめるような」といったニュアンスを持つ。原文は「～という凄絶《せいぜつ》なパラドックスの中に、彼は人間存在の尊さを見いだしたのです」（5 行目）である。原文の「凄絶な」という「凄まじさ」を表す言葉に対して、英訳では ghastly という「恐怖」を想起する単語を用いている。一方、「人間存在の尊さ」という表現は、例えば dignity（「尊厳」）という単語をあてることも可能であろうが、ここでは the precious quality というように、どちらかといえばそのまま文字通り訳されている感がある。なお、paradox の後の whereby は一種の関係詞として働いており、その後に続く節が paradox を修飾している。「～するところのパラドックス」というように文語的な言い回しになり、ここでも「蛙」は多少高級な構文を用いていることになる。

ℓ.11→ **Frog's words seemed to founder**

「『蛙』の言葉はなかなか続かなかったようだった」。動詞 founder は「（事業や計画が）失敗する、頓挫する、くじける」

などの意味で用いられる動詞であるが、ここでは「言葉がその目的まで達せられない」状態、つまり「言い表そうとしていることがうまく表せない」という意味で founder が用いられている。多少文語的あるいは詩的表現であると言えるだろう。一方、原文は「かえるくんは言いよどんだ」（9 行目）とシンプルである。

ℓ.12→ I am utterly exhausted

「私は非常に疲れた、もうくたくただ」。副詞 utterly は「全く、すっかり」と強調するときに用いられる。形容詞 exhausted は「疲れ切った、へとへとな」の意味で、tired よりも消耗が激しく疲れ果てている様子を表すときに用いられる。一方、原文はただ「ぼくは疲れました」（10 行目）とある。このシンプルな言い方によって、もう言葉が出ないほど疲れている感じが表れていると言えるかもしれないが、英訳の「蛙」は自分が非常に疲れていることを明言している。

ℓ.14→ Please, [...] Take a good, deep sleep

「どうぞぐっすり眠ってください」。take a nap と同様、take a sleep と言うこともできる。この場合、Please take a good sleep だけでも「ぐっすり眠ってください」と伝えることができるが、deep を添えることで「ぐっすり」を強調していると言える。片桐が「蛙」の疲れている様子を気にかけていることがうかがえる文である。原文は「ぐっすり眠ればいい」（11 行目）である。この原文の片桐の言葉遣いには以前との変化が見てとれ、その後の「なんだい?」（18 行目）と聞き返す言い方からも、片桐と「蛙」の距離がぐっと縮まっているようである。あるいは別の観点から考えると、片桐の「現実の」言葉遣いと異なることが、この場に少し夢のような非現実的な感覚や雰囲気をもたらすということもあるかもしれない。いずれにしろ、この微妙な変化を、英訳では片桐の言葉遣いの変化というよりは（英訳の片桐は相変わらず丁寧である）、むしろ親しみや優しさが増したことで表されていると言えるであろう。片桐は以前よりも「蛙」に親身な印象があると言える。

ℓ.18→ I was only able to carry our battle to a draw

「私は私たちの闘いを引き分けにすることしかできなかった、私はただこの闘いを引き分けに持ち込むことができただけだ」。動詞 carry は「運ぶ」、「抱える」の意味の他、「(議論や問題を)ある地点まで持っていく、ある方向に押し進める」という意味もある。この場合は「闘いを引き分けに持っていく」という意味になる。名詞 draw はもともと「引くこと、引っ張ること」を意味するが、この場合はもちろん「引き分け、ドロー」を指す。

ℓ.19→ I inflicted injury on him

「私は彼に危害を加えた」。動詞 inflict は「(怪我・打撃・苦痛などを)負わせる」の意味。inflict ～ on ... で「…に～を負わせる」となる。また、名詞 injury は「危害、損害、被害」の意味であるが、特に「怪我」を意味することが多い。原文は「ぼくはみみずくんに被害を与え」(16 行目) である。この原文の日本語は、英語の inflict injury on ～ という表現が意識されていると言えるかもしれない。

ℓ.21→ What is it, Frog?

原文は「なんだい?」(18 行目)とある。これまでの片桐であれば「なんでしょう?」と返事するか、あるいは黙ってただ聞いているだけかもしれないが、ここでの片桐は親しげに問いかけ、耳を傾けている感じがある。英訳の What is it? という表現だけでは片桐の語調の変化は感じられないかもしれないが、原文にはない Frog という呼びかけを添えることで、親しさが感じられるせりふになっていると言えるだろう。

ℓ.24→ I don't get that at all

「それはちっともわからない」。原文は「私にはよくわからないな」(21 行目)である。日本語の「よくわからない」は文字通りには「あまりわからない」ということであるが、このような日本語の言い回しが英語ではただ「わからない」などの言い方になることについては、215 ページなどの例も参照のこと。

Slipped into a Coma

"Neither do I," Frog said, his eyes still closed. "It's just a feeling I have. What you see with your eyes is not necessarily real. My enemy is, among other things, the me inside me. Inside me is the un-me. My brain is growing muddy. The locomotive is coming. But I really want you to understand what I'm saying, Mr. Katagiri."

"You're tired, Frog. Go to sleep. You'll get better."

"I am slowly, slowly returning to the mud, Mr. Katagiri. And yet . . . I . . . "

Frog lost his grasp on words and slipped into a coma. His arms hung down almost to the floor, and his big wide mouth drooped open. Straining to focus his eyes, Katagiri was able to make out deep cuts covering Frog's entire body. Discolored streaks ran through his skin, and there was a sunken spot on his head where the flesh had been torn away.

「ぼくにもよくわかりません」とかえるくんは目を閉じたまま言った。「ただそのような気がするのです。目に見えるものが本当のものとはかぎりません。ぼくの敵はぼく自身の中のぼくでもあります。ぼく自身の中には非ぼくがいます。ぼくの頭はどうやら混濁しています。機関車がやってきます。でもぼくは片桐さんにそのことを理解していただきたいのです」

「かえるくん、君は疲れているんだ。眠れば回復する」

「片桐さん、ぼくはだんだん混濁の中に戻っていきます。しかしながらもし……ぼくが……」

かえるくんはそのまま言葉を失って、昏睡の中に入っていった。長い両手はだらんと床近くまで垂れ下がり、ひらべったい大きな口は軽く開けられていた。目をこらすと身体のいたるところに深い傷跡が見えた。変色した筋があちこちに走り、頭の一部がちぎれてへこんでいた。

ℓ.04→ My enemy is, among other things, the me inside me

「私の敵はわけても自分の中の自分である」。among other things が挿入されているが、これは直訳すれば「他にも数ある中で」という意味であるが、「中でも、とりわけ、わけても」という決まった言い方である。原文は「ぼくの敵はぼく自身の中のぼくでもあります」(4 行目) である。「ぼくの敵は〜ぼくでもあります」とあるので、厳密にはその他にも敵がいるということであり、among other things という英訳はその部分を訳出したと考えられる。

ℓ.06→ My brain is growing muddy

「私の脳は(だんだんと)濁ってきている、混乱してきている、どろどろしてきている」。動詞 grow はその後に形容詞などを持ってきて、「次第に(だんだんと) 〜になる」という意味にもなる。原文は「ぼくの頭はどうやら混濁しています」(5 行目) である。原文には「どうやら」とあるが、この「どうやら混濁しています」という言い方は、「混濁しているかどうかわからない」というよりは「今なんとなく混濁している状態である」ということを表しており、英訳の grow を用いた表現と意味の上で特に相違はないと考えられる。なお、形容詞の muddy はもともと「泥だらけの、どろどろの」、あるいは「(液体などが) 濁った」という意味であるが、文脈によっては「(頭が) 混乱した、ぼんやりした」という意味にもなる。原文の「混濁」という表現を的確に表しているが、さらにこの後に「蛙」が呈する状況を前もって示唆しているとも言えるかもしれない。

ℓ.09→ Go to sleep. You'll get better

= Go to sleep, and you'll get better 「眠りなさい、そうすれば(気分が)よくなるだろう」。2 つの文に分かれているが、意味はつながっている。「命令文 , and you will 〜」は「〜しなさい、そうすれば〜できるだろう」という言い方である。なお、go to sleep は「眠る、眠りにつく、寝に行く」という決まった言い方。原文は「眠れば回復する」(8 行目)。

ℓ.11→ I am slowly, slowly returning to the mud

「私は次第にゆっくりと混濁に戻っている」。名詞 mud は直前に出てきた形容詞の muddy を受けており、ぐちゃぐちゃと混乱した状態を指していると受けとれる。一方で、名詞の mud は「頭の混乱」を指す一般的な単語ではないことを考えると、この mud はより物質的な「泥」を意味する方向に移っているとも受けとれるであろう。原文は「ぼくはだんだん混濁の中に戻っていきます」(9 行目) である。原文の「だんだん」は、英訳では slowly を 2 回繰り返す形になっている。この slowly を繰り返す効果は、「蛙」が話しながら実際に slow になっていく様子、つまり「蛙」の話し方がゆっくりになり次第に昏睡していく過程が、自分でそう言いながら、ある種擬似的に再現されていると言える。

ℓ.13→ Frog lost his grasp on words

「『蛙』はしっかりと言葉を続けられなかった」。名詞 grasp は「つかむこと」の意味の他、「御すること、統御」の意味がある。Lose grasp on 〜 = lose control of 〜。つまり、この文を直訳すると「(自由自在に) 言葉を操る力を失った」ということであるが、文脈から「言葉が続けられなかった、出なかった」ということであるとわかる。原文は「かえるくんは (そのまま) 言葉を失って」(11 行目) である。

ℓ.13→ slipped into a coma

「そのまま昏睡状態となった」。slip into 〜は「〜に滑り込む」、

「～にするっと入る、そっと入る」の意味の他、「いつしか(～の状態)になる」などの意味にもなる。名詞 coma は「昏睡」。原文は「そのまま～昏睡の中に入っていった」(11 行目) である。「そのままそっと」という感じが slipped into [...] という言い方に表されていると言える。

ℓ.14→ His arms hung down almost to the floor

「彼の両腕はほとんど床に達するまで垂れ下がった」。hung は動詞 hang 「掛かる」の過去形、hang down で「ぶら下がる、垂れ下がる」の意味。「蛙」の腕がだらりと伸びている様子を表す。原文は「長い両手はだらんと床近くまで垂れ下がり」(12 行目) である。原文の「長い」は訳されていないが、hang down という述語の様子から明らかである。また原文の「両手」が his arms 「両腕」となっていることに注意。

ℓ.15→ his big wide mouth drooped open

「彼の大きく広い口は(も)だらりと開いていた」。形容詞の wide は口がただ大きいだけでなく、横に広いことを表している。動詞 droop は「垂れる、うな垂れる」の意味で、この場合、口がだらりと開いて垂れ下がっていることを表す。「蛙」は両腕と同様、口もだらりと開けているようである。原文は「ひらべったい大きな口は軽く開けられていた」(13 行目) とある。原文の「ひらべったい」は英訳の wide に相当すると考えられる。一方で、「口は軽く開けられていた」とあり、原文と英訳ではその姿に違いがあり、「昏睡」あるいは眠っているときの口の開き方のイメージが異なって表されている。

ℓ.17→ make out deep cuts covering Frog's entire body

「『蛙』の全身にいくつもある深い切り傷を見分ける、『蛙』の体中に広がった深い傷が見てとれる」。make out ～は「～を理解する」の意味であるが、このように「～を見てわかる」、あるいは「～を聞いてわかる」などのときにも用いられる。名詞 cut はこの場合「切り傷、傷」の意味。また、分詞(covering)

で始まる句が名詞 cuts を修飾している。動詞 cover は「～を覆う」の意味の他、「～のいたるところに広がる、～をいっぱいにする」の意味もあることに注意。原文は「身体のいたるところに深い傷跡が見え(た)」(14 行目)である。

ℓ.18→ Discolored streaks ran through his skin

「変色した筋が彼(『蛙』)の皮膚のいたるところに走っていた」。形容詞 discolored は「変色した、色あせた」、名詞 streak は「筋」の意味。また、前置詞の through はこの場合、「～のいたるところに、あちこちに」の意味である。原文は「変色した筋があちこちに走り」(14 行目)である。

ℓ.19→ there was a sunken spot on his head where the flesh had been torn away

直訳すれば「肉片がはがされてしまっているへこんだ部分が彼(『蛙』)の頭部にあった」、つまり「『蛙』の頭部には一部へこんだ部分があり、そこから肉片がはがされていた」、「頭部のへこんだ部分からは肉がちぎられていた」ということ。形容詞 sunken は「沈んだ、くぼんだ、へこんだ」という意味。関係副詞 where で始まる節が先行詞の a sunken spot を修飾している。なお、名詞 flesh は「肉、肉体」の意味、tear ～ away は「～を裂く、引きちぎる、はぎとる」などの意味になる。この場合、tear away は受身かつ過去完了の形(had been torn away)をとっている。過去完了形になっているのは、肉片がすでに引きちぎられており、その結果頭の一部がへこんでいるという状況だからである。原文は「頭の一部がちぎれてへこんでいた」(15 行目)である。英訳では原文にはない flesh という単語を用い、「肉片がちぎれる、はがされる」と説明されているため、原文より具体的であり生々しく映るであろう。「蛙」の脳が mud になるというように、物質的な言葉が意識的に用いられていると言えるかもしれない。

#36

Big Lump

Katagiri stared long and hard at Frog, who sat there now wrapped in the thick cloak of sleep. As soon as I get out of this hospital, he thought, I'll buy *Anna Karenina* and "White Nights" and read them both. Then I'll have a nice long literary discussion about them with Frog.

Before long, Frog began to twitch all over. Katagiri assumed at first that these were just normal involuntary movements in sleep, but he soon realized his mistake. There was something unnatural about the way Frog's body went on jerking, like a big doll being shaken by someone from behind. Katagiri held his breath and watched. He wanted to run over to Frog, but his own body remained paralyzed.

After a while, a big lump formed over Frog's right eye. The same kind of huge, ugly boil broke out on Frog's shoulder and side, and then over his whole body. Katagiri could not imagine what was happening to Frog. He stared at the spectacle, barely breathing.

大きな瘤

片桐は眠りの厚い衣に包まれたかえるくんの姿を、長いあいだ眺めていた。病院を出たら、『アンナ・カレーニナ』と『白夜』を買って読んでみようと片桐は思った。そしてそれらの文学について、かえるくんと心ゆくまで語り合うのだ。

やがてかえるくんがぴくぴくと動き始めた。最初のうち、かえるくんが眠りの中で身体をゆすっているのだと片桐は思った。でもそうではない。かえるくんは大きな人形が後ろから誰かに揺すぶられているような、どこか不自然な動き方をしていた。片桐は息をのんで、その様子をうかがっていた。彼は立ち上がってかえるくんのそばに行きたかった。しかし身体が痺《しび》れて、言うことをきかない。

やがてかえるくんの目のすぐ上の部分が、大きな瘤《こぶ》になって盛り上がってきた。肩のあたりにも脇腹《わきばら》にも、同じような瘤が醜いあぶくのように盛り上がった。体中が瘤だらけになった。何が起こりつつあるのか、片桐には想像がつかなかった。彼は息を止めてその光景を見守っていた。

Translation Notes #36

ℓ.01→ Katagiri stared long and hard at Frog

「片桐は『蛙』を長いことじっと見つめていた」。stare at ～で「～をじっと見つめる、凝視する」。この文では前置詞 at の前に、long and hard という副詞句が挿入されている。副詞 long は「長く」、また、副詞 hard はこの場合「じっと」の意味。long and hard で決まった言い方としてひとまとまりで用いられることが多いが、long、hard をそれぞれ単独で用いることもできる。原文は「片桐は～かえるくんの姿を、長いあいだ眺めていた」(1 行目)である。

ℓ.02→ who sat there now wrapped in the thick cloak of sleep

直訳すれば「彼(『蛙』)は今や眠りの厚い外套《がいとう》にくるまれてそこに座っていた」となるが、つまり「『蛙』はそこに座ったまま今や眠りの厚い外套にくるまれていた、厚い衣に包まれていた」ということ。関係代名詞 who はこの場合、直前にコンマがあるので非制限(継続)用法であり、先行詞は Frog である。なお、この文脈では、この文のように関係代名詞節は制限用法(関係代名詞の前にコンマがない)ではなく、非制限用法(コンマがある)とするのが一般的であると言える。基本的に、制限用法によって修飾される先行詞は不特定の人や事物であり、関係代名詞節によって修飾されることで、その先行詞の特徴や性質が初めて「限定」、「特定」されることになる。一方、非制限用法における先行詞は固有名詞を含めた特定の人や事物であるとされる。つまり、固有名詞などで表される名詞は基本的にもともと一つしかない特定の存在であり、関係代名詞で表される節はその時点での人や事物の特徴や様子を表すに過ぎない(たまたまその特徴や様子であるということ)。したがってこの場合、Frog(固有名詞)の後に続く節は、今は眠っている「蛙」ということで非制限用法となる。この部分は原文の

「眠りの厚い衣に包まれた（かえるくん）」（1 行目）に相当する英訳である。原文は「かえるくん」という名詞に修飾語句が係っている形であるが、英訳では非制限（継続）用法の関係代名詞節で接続しているために、語られている順に物事が述べられている（= Katagiri stared [...] at Frog, and he sat there [...]）。そのためか、直前の stared と同じように述語動詞が続くことが自然とされているようで、原文にはない「座っている、座ったままでいる」という意味で動詞の sat が用いられている。また、原文の「眠りの厚い衣」はそのまま直訳されて the thick cloak of sleep となっていると言えるが、日本語の「衣」は「衣服」など人の体に装着するものを意味する他、揚げ物の「衣」のように食べ物の外側にあるものを指すこともある。どちらのイメージで受けとるかは読者次第であるが、英訳では「衣服」のイメージのみに固定されることになる。

ℓ.04→ I'll buy *Anna Karenina* and "White Nights"

「私は『アンナ・カレーニナ』と『白夜』を買うつもりだ」。この直前に he thought が挿入されており、引用符は用いられていないものの片桐の心の中を表す文であるため、時制は過去の文ではなく未来形になっている。ちなみに、he thought が挿入される形ではなく、that 節を伴う間接話法で語られる場合、He thought that he would buy [...] のように時制の一致で過去形となる。原文においても「『アンナ・カレーニナ』と『白夜』を買って（読んで）みようと片桐は思った」（2 行目）とあり、「～してみよう」と片桐の心の内を表す言い方になっている。なお、英語では、基本的に書名はイタリック体で表すが、短編小説（もしくは中編小説も含める場合がある）は引用符（“　”）で表すという決まりがある。したがって、英訳では *Anna Karenina*『アンナ・カレーニナ』と “White Nights”「白夜」でその違いが明確であると言えるが、原文ではともに二重カギ括弧(『　』)で表されており、その区別は特に設けられていない。

ℓ.06→ I'll have a nice long literary discussion about them with Frog

直訳すれば「私は『蛙』とそれら(2冊の本)について長々と素敵な文学の話をしよう」、つまり「『蛙』とそれらの本について長々と語り合ってみよう」ということ。前の文に引き続き、片桐の心の中のせりふである。形容詞 nice の意味は「よい、素敵な」であるが、このように何か楽しいことを提案する際などによく用いられ、意味合いとしては「ちょっと話をしてみよう」という感じである。例えば、Let's have a nice cup of tea.(「ちょっとお茶でもしましょう」)などのように用いられる。原文は「それらの文学について、かえるくんと心ゆくまで語り合うのだ」(4行目)である。原文の「心ゆくまで」、つまり「満足するまで十分に」という意味合いは、英訳では2つの形容詞 nice と long を並べることで表していると言える。また、原文の「語り合う」には名詞の discussion が用いられているが、literary discussion という表現そのものは「語らい」というよりは少し改まった言い方となり、「文学談義」という感じである。これは、原文にある「それらの文学について」という表現の中の「文学」という言葉が意識されているようで、その「文学」を表す言葉が英訳では discussion と共に用いられていることになる。そのため、英訳では、「文学」には全く通じていないようである片桐が、「ちょっと文学的な話でもしてみよう」と多少気取った感じでいるようにとらえられるかもしれない。原文においても、片桐が本や文学に多少とも目覚めた印象があると言え、このような行間から読み取れる片桐の微妙な心の内が、別の形で英訳でも反映されていると言うことができるであろう。

ℓ.08→ Frog began to twitch all over

「『蛙』は身体中が痙攣《けいれん》し始めた」。動詞 begin の後に不定詞を持ってきて「〜することを始める」(不定詞は名詞的用法)、つまり「〜し始める」の意味になる。また、動詞 twitch は「痙攣する、ひきつる」、特に「ピクッと動く」、「ピクピクと動く」という痙攣の様子を表す。all over は決まった言い方の副詞句で「全面的に」の意味、つまりこの場合は「身体中」ということになる。原文は「かえるくんがぴくぴくと動き始めた」(6 行目)である。この後の身体の変化を考えて、英訳には原文にないall over という表現が用いられ、より具体的に表されていると言える。

ℓ.09→ Katagiri assumed [...] that these were just normal involuntary movements in sleep

「片桐は、それは単に睡眠中によくある無意識の(身体の)動きであると思い込んでいた」。動詞 assume は「〜を(当然のことと)思う、思い込む」、あるいは「〜と想定する」という意味。目的語に that 節が続いている。ここでは、「片桐は最初は〜と思い込んでいたが、そうではなかった」という文脈であり、assume という動詞は的確であると言える。these は片桐が目にしている「蛙」の様子を表す。this で受けることも可能であるが、その後に movements と複数形がきているので、these と複数形が用いられている。あるいは、these = these twitches と考えてもよいだろう。また、形容詞 involuntary はもともと「意志によらない」という意味で、文脈によって「思わず知らずの、無意識の」、あるいは「不本意の、心ならずも」などの意味になる。この場合は身体の生理的作用を表し、involuntary movements でいわゆる「不随意運動」を指す。つまり、睡眠中に身体がピクッと動く不随意的な動きのことである。それに伴う形容詞の normal は、この場合「通常の、よくあるような」という意味。原文は「かえるくんが眠りの中で身体をゆすっているのだと片桐は思った」(7 行目) とある。原文は「身体をゆすっている」とあり、英訳の involuntary movements とは多少異なるイメージであると言えるだろう。「身体をゆすっている」というのは、どちらかと言えば、眠りあるいは夢の中でうなされている状態、夢の中の動きに合わせて身体をゆすっているような状態に受けとれるかもしれない。ただし、この「身体をゆすっている」という表現に相当すると考えられる英訳は、実のところ次の文の「誰かに揺すぶられているような」(9

行目）という部分の訳に反映されているともとらえられないわけではない。つまり、原文の「ゆすっている」という表現は、後の「揺すぶられている」に意味やイメージがつながるが、英訳ではむしろ、involuntary movements はその前にある「ぴくぴくと動」く様子（6 行目、英語では twitch 〈ℓ.8〉）を受けた表現であると言えるであろう。

ℓ.10→ but he soon realized his mistake

直訳すれば「しかし彼はすぐに自分の間違いを認識した」、つまり「しかし彼はすぐに間違っているとわかった」ということ。動詞 realize は「～をはっきりと理解する、認識する、悟る」。名詞 mistake は「間違い、ミス」の意味であるが、このように「思い違い」という軽い意味で用いることもできる。原文の「でもそうではない」（8 行目）に相当する英訳である。原文は片桐の心のせりふのようでもあるが、英訳は地の文として語られている。

ℓ.11→ There was something unnatural about the way Frog's body went on jerking

「『蛙』の身体がぐいっと（ピクッと、ピクピクと）動き続けている様子には何か不自然なものがあった、動き続けている様子はどこか不自然であった」。「There is something+ 形容詞 + about ～」は「～については何か…なところがある」という意味でよく用いられる言い方である。また、この場合の way は「方法」というよりは「様子、態度」といった意味合いである。動詞 jerk は「（ある物が急に）ぐいと動く」ことを表す。原文は「かえるくんは（～揺すぶられているような、）どこか不自然な動き方をしていた」（8 行目）である。原文には jerk に相当する語句は見当たらないが、これはこの前の原文にある「身体をゆすっている」という表現をこの部分で反映させたと考えることも可能であろう。あるいは、jerk は「痙攣する」という意味でも用いられる動詞であるため、twitch や involuntary movements で表されるような「ピクッと動く、ピクピクと動く」痙攣の状態を引き続き表しているとも考えられる。

ℓ.14→ Katagiri held his breath and watched

「片桐は息をとめて見ていた、かたずをのんで見守った」。hold one's breath は「息を詰める、息をとめる、息を殺す」という意味の決まった言い方。文脈によって日本語の「かたずをのむ、息をのむ」という意味合いに近くなる。原文は「片桐は息をのんで、その様子をうかがっていた」(10行目)である。

ℓ.15→ He wanted to run over to Frog

「彼(片桐)は『蛙』に駆け寄りたかった」。run over to ～は「～に走って行く、急いで行く」。原文は「彼は立ち上がってかえるくんのそばに行きたかった」(11行目)である。病院のベッドに寝ている片桐が身体を起こしてかえるくんを助けたいと思っている気持ちが表れている。英訳ではそのまま訳さずに、「蛙」のところにすぐにでも駆け寄りたいと思ったという表現でその気持ちを表している。

ℓ.15→ his own body remained paralyzed

「彼自身の身体は麻痺したままだった、彼の身体そのものがまだ麻痺していた」。原文は「身体が痺《しび》れて、言うことをきかない」(12行目)である。原文の「言うことをきかない」に相当する英訳は見当たらないが、英語の paralyzed は日本語の「痺れる」よりも強い言葉であり、「身体が動かない」ことは明白であるのであえて訳されていないと考えられる。なお、形容詞 paralyzed は「麻痺した」。日本語の「痺れる」は、例えば「足が痺れる」のように日常的に用いられる言葉であり、「感覚がなくなる、鈍くなる」という意味であるが、それは英語では go numb などのように表せる。

ℓ.17→ a big lump formed over Frog's right eye

「大きな瘤が『蛙』の右目の上にできた」。名詞 lump は「瘤」、また「たん瘤」や「腫れ物」なども指す言葉である。動詞 form はこの場合、自動詞で「～が作られる、生じる、できる」の意味。前置詞 over は「～の上に、～の上を覆って(覆いかぶさって）」。原文は「かえるくんの目のすぐ上の部分が、大きな瘤《こぶ》になって盛り上がってきた」(14 行目) である。原文は「目のすぐ上の部分」とあるが、英訳では「右目の上に」とあり、「右目」に限定されている。英語では名詞の単複が常に意識されるが、eye とあれば「片目」を表すわけであり、その意味ではそのどちらかをはっきりさせるほうがわかりやすい。特にこのような事物を描写する文では、右目か左目か具体的に表されているほうが英語らしい表現と言えるであろう。

ℓ.18→ The same kind of huge, ugly boil broke out on Frog's shoulder and side

「同じような大きな醜いできもの（瘤）が『蛙』の肩と脇腹にも出てきた」。名詞 boil は「腫れ物、おでき」の意味、特に膿《うみ》を持った大きなおできなどを指す。2 つの形容詞 huge と ugly が修飾している。break out はこの場合「（おでき・にきび・湿疹などが）発疹する、できる」の意味。また、名詞 side はこの場合「脇腹」の意味となる。原文は「肩のあたりにも脇腹《わきばら》にも、同じような瘤が醜いあぶくのように盛り上がった」(15 行目) である。原文には「瘤が醜いあぶくのように」とあり、肩や脇腹に「ぶくぶく」と瘤が作られていく印象がある。一方、英訳では lump を boil に変えることで、その醜さやある種の汚らしさが強調されていると言えるかもしれない。なお、名詞 boil はもともと別の言葉として「沸騰」の意味もある。その意味では boil に「できもの」と「あぶく」の両方の意味を持たせているとも言えるかもしれない。

ℓ.19→ and then over his whole body

「そして彼（『蛙』）の身体中にも広がった」。then は「そして、それから」。直前の on Frog's shoulder and side とこの over his whole body が and (then) を挟んで並列の関係で並んでおり、「同じような大きな醜いできもの（瘤）が『蛙』の肩と脇腹に、そして身体中にも出てきた」ということ。then が挿入されていることで、次第にできものが広がっている様子が表されている。原文は「体中が瘤だらけになった」(16 行目) である。

ℓ.21→ **He stared at the spectacle, barely breathing**

「彼（片桐）はその驚くべき光景をほぼ息もつかずに見つめていた」。名詞 spectacle は「光景」の意味であるが、単に景色を意味する言葉ではなく、むしろ「見もの」や「壮観」など目を見張るような光景を意味する言葉である。芝居のような見世物、劇的な光景、驚くほど美しい光景、見るも哀れな姿など、文脈によって様々な意味合いを持つ。また、barely breathing は文法的には分詞構文であり、直前の述語（stared）を修飾し、片桐が見ている様子をさらに説明している。つまり「（ほぼ）息もつかずに見ていた」ということ。原文は「彼は息を止めてその光景を見守っていた」（18 行目）である。原文ではただ「その光景」とあるが、それが異常な光景であることは確かなので、英訳においては、例えばシンプルに the sight とするよりは、このように the spectacle とするほうがより文脈に相応であると言えるであろう。

Creatures of The Night

Then, all of a sudden, one of the boils burst with a loud pop. The skin flew off, and a sticky liquid oozed out, sending a horrible smell across the room. The rest of the boils started popping, one after another, twenty or thirty in all, flinging skin and fluid onto the walls. The sickening, unbearable smell filled the hospital room. Big black holes were left on Frog's body where the boils had burst, and wriggling, maggotlike worms of all shapes and sizes came crawling out. Puffy white maggots. After them emerged some kind of small centipedelike creatures, whose hundreds of legs made a creepy rustling sound. An endless stream of these things came crawling out of the holes. Frog's body — or the thing that must once have been Frog's body — was totally covered with these creatures of the night. His two big eyeballs fell from their sockets onto the floor, where they were devoured by black bugs with strong jaws. Crowds of slimy worms raced each other up the walls to the ceiling, where they covered the fluorescent lights and burrowed into the smoke alarm.

暗黒の虫たち

それからとつぜんひとつの瘤がはじけた。ぽんという音がしてその部分の皮膚が飛び散り、どろりとした液が吹き出し、いやなにおいが漂った。ほかの瘤も次々に同じようにはじけた。全部で20か30の瘤が破裂し、壁に皮膚の切れ端と液が飛び散った。我慢できないほどの悪臭が狭い病室にたちこめた。瘤のはじけたあとには暗い穴が開き、そこから大小さまざまの蛆虫《うじむし》のようなものがうじゃうじゃと這《は》い出てくるのが見えた。ぶよぶよとした白い蛆虫だ。蛆虫のあとから、小さなむかでのようなものも出てきた。彼らはその無数の脚でもぞもぞという不気味な音を立てた。虫たちは次から次へと這い出してきた。かえるくんの身体は――かつてかえるくんの身体であったはずのものは――様々な種類の暗黒の虫によって隈《くま》なく覆《おお》われていた。大きな丸いふたつの眼球が、眼窩《がんか》からぽとりと床に落ちた。強い顎《あご》を持った黒い虫たちがその眼球にたかり、むさぼった。みみずの群が先を競うようにぬるぬると病室の壁をよじ登り、やがて天井に達した。それは蛍光灯を覆い、火災報知機の中にもぐりこんだ。

ℓ.01→ **one of the boils burst with a loud pop**

「そのできもの（瘤）の一つが大きなぽんという音を立ててはじけた」。動詞 burst は「破裂する、爆発する、（泡などが）はじける」の意味。過去形、過去分詞ともに burst という形をとる。また、名詞 pop は「ぽんという音」を表す。原文は「（それからとつぜん）ひとつの瘤がはじけた。ぽんという音がして～」（1 行目）である。英訳では「ぽんという音がして」という表現は「はじけた」という述語とともに用いて一つの文にまとめている。原文も英文もともに、この段落の冒頭の文として読者をひきつける役割を担っている文であると言えるが、原文ではシンプルに「ひとつの瘤がはじけた」としている一方、英訳では burst with a loud pop と少し大げさに表現し、「蛙」の身体の変化を多少劇的に表すことで読者をひきつけていると言えるであろう。

ℓ.02→ **The skin flew off, and a sticky liquid oozed out, sending a horrible smell across the room**

「その皮膚は飛び散り、ねばねばした液体が流れ出て、部屋中にひどい臭いを放った」。fly off は「飛び散る」。形容詞 sticky は「粘着性がある」、つまり「ねばねば、べたべた、ねっとり」などの状態を意味する。原文では「どろりとした」（2 行目）とある。なお、液体を意味する名詞 liquid は本来、不可算名詞（数えられない名詞）であるが、種類を表す際には数えることができる。この場合は「あるねばねばした液体」ということである。動詞 ooze は「（液体や分泌物などが）しみ出す、にじみ出す」。この場合は副詞の out を伴い、その液体が広範囲に広がっていることを表す。また、動詞 send はこの場合「（においや光を）放つ」という意味である。形容詞 horrible は「恐ろしい」という意味であるが、特に「ひどい、いやな」という意味で用いられることが多い。なお、sending 以下の句は文法的には分詞構文であり、直前の述語動詞で表される状況をさらに説明しているが、つまりは語られる順に The skin flew off, and a sticky liquid oozed out, and it all sent a horrible smell across the room ということである。

ちなみに、分詞構文の形をとると主語が明示されなくなるので、特定の何が「ひどい臭い」を放っているかは定かでなくなると言える。その意味では原文の「その部分の皮膚が飛び散り、どろりとした液が吹き出し、いやなにおいが漂った」(2 行目)という文の流れに近くなると言えるであろう。一方、原文と英訳は描写としてはほぼ同じ状況を表しているものの、原文では「どろりとした液が吹き出し」とあるため、何か血のようなものが「吹き出す」イメージがあると言えるかもしれないのに対して、英訳では ooze out とあるので、どちらかというと体液のようなものを分泌しているというイメージが持たれるという相違があると言えるかもしれない。

ℓ.05→ The rest of the boils started popping, one after another, twenty or thirty in all, flinging skin and fluid onto the walls

「残りのできもの(瘤)も、全部で 20 から 30 ぐらいが立て続けにぽんとはじけ始め、皮膚と液体を(四方の)壁に浴びせた」。pop は動詞としても用いられ、「ぽんと鳴る、ぽんとはじける」などの意味になる。この場合は動詞 started の目的語として動名詞の形をとっている。one after another は「次から次へと、立て続けに」という意味の成句。また、twenty or thirty in all というひとかたまりの句は、主語の The rest of the boils について、その数を説明する補語のような役割を持っていると言える。in all は「全部で、合計で」の意味。また、動詞 fling は「〜を投げ放つ、投げつける」、あるいは「さっと放る、さっと浴びせる」など、何かを勢いよく放るイメージの単語である。この場合は前置詞 onto「〜の上に、表面に」とともに用いて、はじけると同時に皮膚や液体が四方の壁に(walls と複数形になっていることに注意)放られて、飛び散る様子を指している。なお、この flinging 以下の句も文法的には分詞構文であるが、やはり語られる順に The rest of the boils started popping [...], and they flung skin and fluid onto the walls ということである。原文は「ほかの瘤も次々に同じようにはじけた。全部で 20 か 30 の瘤が破裂し、壁に皮膚の切れ端と液が飛び散った」(3 行目) である。原文の「同じように」という表現は英訳では見当たらないが、The rest of the boils「その他残りの瘤も」という言い方から明らかであろう。また、原文の「皮膚の切れ端」は英訳ではただ skin となっている。動詞 fling が用いられているので、皮膚や液体が微塵になって飛び散るイメージは既にあると言えるであろう。なお、skin は fluid「流体、液体」や liquid と同じように、基本的に不可算名詞である。

ℓ.07→ The sickening, unbearable smell filled the hospital room

「気持ちが悪くなるような、耐えがたい臭いが病室を満たした(病室に充満した)」。2 つの形容詞 sickening と unbearable が名詞の smell を修飾している。sickening は「気持ちが悪くなるような、吐き気を催すような、むかつく」といった意味。unbearable は「耐え難い、我慢できない」。原文は「我慢できないほどの悪臭が狭い病室にたちこめた」(5 行目)である。

原文には「狭い病室」とあるが、英訳で「狭い」は訳されていない。日本の病室は比較的「狭い」というイメージがあるかもしれないが、欧米の病院ではそうではないということかもしれない。また、日本語で悪臭が「狭い病室」にたちこめるとあると、それは確実に我慢できない状況であることが容易に想像される。一方、英訳においては、何かがひどく臭うのであるならば、それは広い部屋に広がるほどの「強い」臭いのはずであり、「狭い病室」にたちこめるということ自体にはそれほど意味がない、といった臭いに関する認識の違いがあると言えるかもしれない。

ℓ.08→ Big black holes were left on Frog's body where the boils had burst

「できもの（瘤）がはじけた部分の『蛙』の身体には黒い大きな穴がいくつも残された」。いくつもの瘤が破裂したところに穴が開いたわけなので、holesと複数形になっていることに注意。また、関係副詞 where の節が先行詞である Frog's body を後ろから修飾しており、「『蛙』の身体の中でも瘤がはじけた部分」というように、その身体のあり方を限定している（ちなみに、この Frog's body に対して関係副詞節を非制限〈継続〉用法でつなげた場合、「蛙」の身体そのものが「瘤のはじけた身体」ということになり、その身体全体を指すということになるのに注意）。また、関係詞節内の動詞が過去完了形（had burst）になっていることにも注意。穴が開く以前の出来事を示しているからである。原文は「瘤のはじけたあとには暗い穴が開き」（6 行目）である。

ℓ.10→ wriggling, maggotlike worms of all shapes and sizes came crawling out

直訳すれば「あらゆる形や大きさをした、のたうつ蛆虫のような虫が這い出てきた」、つまり「もぞもぞ動く蛆虫のような、いろいろな形や大きさの虫がたくさん（うじゃうじゃ）這い出してきた」ということ。動詞 wriggle は「体をくねらす、のたうつ」という意味であるが、「（みみずなどの虫や蛇などの動物が）くねくねのたうつ、もぞもぞ動く、にょろにょろ進む」という意味でもよく用いられる。この場合は形容詞 wriggling として maggotlike という形容詞とともに worms を修飾している。名詞 maggot は「蛆虫」のこと。なお、この文の worms は「みみず」というよりは、蛆虫のような虫全般を指している。動詞 crawl は「這う、腹ばいになって進む」という意味であるが、「（爬虫類などの動物が）這って進む」ことを意味するときによく用いられる他、「（虫などが）這いまわる、うじゃうじゃ（うようよ）する」というときにも用いられる。この場合は副詞の out を伴い、虫たちがぞろぞろ這い出してきた様子を表している。原文は「(そこから)大小さまざまの蛆虫《うじむし》のようなものがうじゃうじゃと這《は》い出てくる(のが見えた)」(7行目)である。原文では「〜が見えた」という言い方であるが、英訳ではそれを事実として伝えている。また、「大小さまざまの」という表現は、英訳では「いろいろな形や大きさ」として shapes という言葉が入っているが、of all shapes and sizes というフレーズそのものが英語では一般的である。また、日本語の「うじゃうじゃと」という副詞に相当する表現そのものは英訳に見当たらない。しかし、形容詞 wriggling や動詞の crawl out など、虫に関連した言葉で、かつ生理的に気持ちが悪いと感じられる言葉を用いることで、原文の雰囲気やイメージが同じように反映されていると言える。

ℓ.11→ Puffy white maggots

「ぶよぶよの白い蛆虫だ」。形容詞 puffy は「ふくれた、腫れた」という意味。「ぶよぶよの、ぶくぶくの」という感じである。なお、もとの名詞 puff が「ぷっと息や煙などを吹くこと」という意味を持つため、煙や雲などの連想から「ふわふわした、ふっくらした」という意味にもなるが、もともとは前者のイメージであり、文脈によっては「腫れぼったい」などの意味にもなる。

ℓ.12→ After them emerged some kind of small centipedelike creatures, whose hundreds of legs made a creepy rustling sound

「それら(蛆虫)の後には何か小さなむかでのような虫が(たくさん)現れ、その何百本もの足は気味の悪いもぞもぞするような音を立てた」。前半は倒置文となっている(=Some kind of [...] creatures emerged after them)。them = maggots。動詞 emerge は「出てくる、現れる」。some はこの場合「何らかの」という意味。また、名詞 centipede は「むかで、むかで類」のこと。名詞 creature は「生き物」の意味であるが、「不気味なもの、化け物」といったニュアンスでも用いられる言葉である。また、形容詞 creepy は「気味悪い、ぞっとする、不気味な」という意味であるが、もとの動詞 creep は

crawlと同じように「這う、腹ばいになって進む」の意味がある。従って、その形容詞 creepy にはやはり「（虫のようなものが）這いまわるような」という意味があり、特に人の皮膚の上を何かが這っていく感覚、つまり「むずむずするような」「ぞっとするような」という感じを与える単語でもある。さらに、動詞 rustle は音を表す動詞で、「サラサラ、ガサガサ、カサコソと音を立てる」の意味である。ここでは形容詞の rustling を用いてたくさんのむかでの足音を表していると言える。原文は「蛆虫のあとから、小さなむかでのようなものも出てきた。彼らはその無数の脚でもぞもぞという不気味な音を立てた」（9 行目）である。原文の「無数の脚」は英訳では hundreds of legs となっている。ちなみに、centipede の原義は「百本の（centi-）足（-pede）」である。そのため、hundreds of 〜という言い方が採用されているのかもしれない。また、原文の「もぞもぞという不気味な音」を英語で表すのに、creepy や rustling など人の触覚や聴覚に訴える言葉を用いることで、生理的な気持ちの悪さが表れていると言える。

ℓ.14→ An endless stream of these things came crawling out of the holes

直訳すれば「このようなものの果てしない連続が数々の穴から這い出てきた」、つまり、「こういったものが際限なく続々と穴から這い出てきた」。名詞 stream は「小川」の意味のほか、「流れ、連続」の意味にもなる。また、these things は文法的には前出の蛆虫やむかでのような虫を指していると言えるが、名指ししないことで、あえて口にしたくないようなもの、そんな代物といった意味合いで使われているとも言える。原文は「虫たちは次から次へと這い出してきた」（11 行目）である。

ℓ.18→ these creatures of the night

「このような夜（闇、暗黒）の虫たち」。原文は「様々な種類の暗黒の虫」（13 行目）である。「様々な種類の」という表現は英訳では省略されているが、数行前の these things が蛆虫やむかでのような虫たち全体を指しているので、様々な虫がいることは明らかであるということかもしれない。その things が

creatures に変わっている。また、～ of the night という言い方はシンプルであるものの、このように「闇の～、暗黒の～」という意味合いでよく用いられる表現である。恐怖の存在や闇の奥から忍び寄るものといったニュアンスがあると言えるだろう。

ℓ.19→ **His two big eyeballs fell
from their sockets onto the floor,
where they were devoured
by black bugs with strong jaws**

「彼(『蛙』)の 2 つの大きな眼球が眼窩《がんか》から床の上へと落ち、その場でそれら(眼球)は強い顎《あご》を持った黒い虫たちにむさぼられていた」。名詞 eyeball は「眼球」。また、名詞 socket には「ソケット、コンセント」の意味の他、このように「眼窩」の意味がある。動詞 devour は「～をむさぼる、～を食いつぶす」の意味。また、black bugs は「黒い虫たち」。名詞 bug は「虫、昆虫」を表す一般的な単語。原文は「大きな丸いふたつの眼球が、眼窩《がんか》からぽとりと床に落ちた。強い顎《あご》を持った黒い虫たちがその眼球にたかり、むさぼった」(14 行目)である。原文の「ぽとりと」に相当する英訳は見当たらない。また、虫たちが眼球に「たかる」という様子は英訳では表されていないが、関係副詞の where を用いることでその場所へと黒い虫が集まったことがイメージされると言える。where を用いることで、読者の視点そのものも「蛙」の眼から下方の床へと移ることが誘導されている。

ℓ.21→ **Crowds of slimy worms raced
each other up the walls
to the ceiling, where they covered
[...] and burrowed into [...]**

「ぬるぬるしたみみずの群れがお互い先を争って壁を上り天井まで行き、その場所でそれら(みみず)は～を覆い、～へともぐりこんだ」。動詞 race は「～と競争する、走って～を追い抜こうとする」などの意味で、この場合は目的語に each other がきている。「お互いどうし競争する、互いに我先にと走って競争する」ということ。また、この文ではその後に 2 つの前置詞句、up the walls と to the ceiling が続き、みみずたちが進んだ方向を示している。「壁を上り天井に達した」ということ。walls と複数形になっていることからも、部屋中が虫だらけということになる。また、後半は where で始まる関係副詞節が続く。where は壁やら天井やらその虫たちが行き着いた場所を指していることになる。they = slimy worms で、この場合の worms は「みみず」を指すことになるが、英語の worm は本来「みみず」も「蛆虫」も大差なく用いられる言葉である。動詞 burrow は「（うさぎやもぐらなどが）穴を掘る」の意味であるが、この場合は「もぐる、もぐりこむ」の意味で用いられている。原文は「みみずの群が先を競うようにぬるぬると病室の壁をよじ登り、やがて天井に達した。それは～を覆い、～の中にもぐりこんだ」（16 行目）である。原文の「ぬるぬると」という副詞に相当する英訳はないが、その代わりに形容詞の slimy が用いられている。

ℓ.24→ smoke alarm

「火災報知器、煙探知機」。天井などに取りつけられた、基本的には煙の探知機である。ちなみに fire alarm は壁などに取りつけられ、ボタンを押すとベルが鳴って火災を知らせる「火災警報器、火災報知器」である。

#38

Intense Despair

The floor, too, was covered with worms and bugs. They climbed up the lamp and blocked the light and, of course, they crept onto Katagiri's bed. Hundreds of them came burrowing under the covers. They crawled up his legs, under his bedgown, between his thighs. The smallest worms and maggots crawled inside his anus and ears and nostrils. Centipedes pried his mouth open and crawled inside one after another. Filled with an intense despair, Katagiri screamed.

Someone snapped a switch and light filled the room.

"Mr. Katagiri!" called the nurse. Katagiri opened his eyes to the light. His body was soaked in sweat. The bugs were gone. All they had left behind in him was a horrible slimy sensation.

"Another bad dream, eh? Poor dear." With quick, efficient movements the nurse readied an injection and stabbed the needle into his arm.

He took a long, deep breath and let it out. His heart was expanding and contracting violently.

"What were you dreaming about?"

激しい絶望

床の上も虫たちでいっぱいになっていた。虫たちはスタンドの明かりを覆って、その光を遮った。彼らはもちろんベッドに這いあがってきた。ありとあらゆる虫が片桐のベッドの布団《ふとん》の中に潜り込んできた。虫たちは片桐の脚を這いのぼり、寝間着の中に入り、股《また》のあいだに入り込んできた。小さな蛆虫やみみずが肛門《こうもん》や耳や鼻から体内に入ってきた。むかでたちが口をこじ開け、次々に中に潜り込んだ。片桐は激しい絶望の中で悲鳴を上げた。

誰かが明かりをつけた。部屋の中に光が溢《あふ》れた。

「片桐さん」と看護婦が声をかけた。片桐は光の中に目を開けた。身体は水をかけられたみたいにぐっしょりと汗で濡《ぬ》れている。もう虫たちはいない。ぬるぬるとしたいやな感触が身体中に残っているだけだ。

「また悪い夢を見ていたのね。かわいそうに」、看護婦は手早く注射の用意をし、彼の腕に針を刺した。

片桐は大きく長く息を吸い込み、そして吐いた。心臓が激しく収縮し、拡張した。

「いったいどんな夢だったの？」

Translation Notes #38

ℓ.01→ The floor, too, was covered with worms and bugs

「床もみみず（蛆虫）や虫たちでいっぱいだった」。原文は「床の上も虫たちでいっぱいになっていた」（1行目）である。原文の「虫たち」が worms and bugs と2種類に分かれているのは、英訳ではいわゆる「虫」を表すこの2種類の単語の両方がこれまで別々に用いられたからである。

ℓ.02→ They climbed up the lamp and blocked the light

「それら（虫たち）は電気スタンドをよじ登り、その明かりを遮った」。原文は「虫たちはスタンドの明かりを覆って、その光を遮った」（1行目）である。英訳には原文にない climb up という動詞が用いられているが、これはその直前に床の状態について描写されているためと考えられる。いわばその視点が電気スタンドの明かりへと上っていくのが、この語りにおいては自然な流れであると言え、そのために床にいる虫たちがスタンドをよじ登っていくという行為が描かれていると言えるであろう。また、lamp がいわゆる「ランプ」ではなく、縦に細長い電気スタンドを指すということも、この虫たちが「登る」という記述によって明らかになり、意味や描写が特定できるということにもなる。

ℓ.04→ they crept onto Katagiri's bed

「それら（虫たち）は片桐のベッドに這い上がってきた、それらは片桐のベッドの上にそっと忍び込んできた」。動詞 crept の原形は creep、その意味は crawl と同じように「這う、腹ばいになって進む」、この場合は前置詞の onto とも組み合わさって「ベッドの上に這い上がる」ということになる。一方で、creep には「こそこそ這っていく、そっと進む」という意味もあり、人が主語であるならば「忍び足で歩く、こっそり近づく」という意味合いでも用いられる。したがって、この場合も「虫たちがベッドに忍び込んできた、そっともぐりこんできた」という気味の悪い感覚も同時に表現していると言えるであろう。

ℓ.04→ Hundreds of them came burrowing under the covers

「それらが数百匹も布団の下にもぐりこんできた、何百もの虫たちが布団の下にもぐりこんできた」。「come+ ～ ing」は「～しながらやってくる」という意味であるが、この場合はその「やってくる」ときの状況を表している。つまり「虫たちが布団の下にもぐりこみながら（片桐のところに）やってきた」ということである。名詞 cover はもともと「覆い」という意味で、文脈によって様々なものを具体的に表すが、この場合はベッドの「布団」を指している。なお、covers と複数形になっているのは、掛け布団が数枚あるということではなく、ベッドの寝具、中でも上にかけるものの全体を指しているからである。日本語の「布団」も場合によって「掛け布団」を指したり、あるいは「（敷物を含めた）寝具」の全体を指したりするが、英語でも同様だと言えるかもしれない。ちなみに、「掛け布団」そのものは英語で duvet（発音記号:[duvéɪ, d(j)ú:vèɪ]）や comforter などのように呼ばれる。

原文は「ありとあらゆる虫が片桐のベッドの布団《ふとん》の中に潜り込んできた」（3 行目）である。なお、原文の「ありとあらゆる虫」という言い方は、Hundreds of ～という数を表す表現に変わっている。「ありとあらゆる」という言い方は厳密には種類を表すと言えるが、ここでは「無数の、数えきれないたくさんの」というニュアンスがあり、英訳はその意味を汲んでいると言えるであろう。種類よりは数の多さを誇張したほうがより気持ち悪い感覚を伴うと言える。なお、原文の「布団」は「掛け布団」を表しているようでもある。

ℓ.06→ **They crawled up his legs, under his bedgown, between his thighs**

「それらは彼（片桐）の両足の上（足を上り）、寝間着の下、股の間を這った（這いまわった）」。crawl の後に 3 つの前置詞句が続いている。また、名詞 bedgown は「寝間着」を指すが、丈が短くシャツ風の形をしたもので、上から被ったり、あるいは前を紐で結ぶような寝間着のことである。少し古風な感じであるが、この文脈のように病院で着るタイプの寝間着を指していると言える。また、名詞 thigh は「腿、太もも」の意味。原文は「虫たちは片桐の脚を這いのぼり、寝間着の中に入り、股《また》のあいだに入り込んできた」（4 行目）である。なお、under his bedgown と前置詞が in ではなく under が用いられているのは、その寝間着が上から被るような形のものがイメージされているからと考えられる。

ℓ.07→ **The smallest worms and maggots crawled inside his anus and ears and nostrils**

「最小のみみずや蛆虫（たち）が彼（片桐）の肛門、（両）耳、（両方の）鼻の孔の中へと這ってきた、もぐりこんできた」。動詞 crawl は「這う」ということであるが、「ゆっくりそっと進む」というイメージを伴うため、やはり気味悪さが増す。名詞 anus は「肛門」、名詞 nostril は「鼻孔」。原文は「小さな蛆虫やみみずが肛門《こうもん》や耳や鼻から体内に入ってきた」（6 行目）である。原文ではただ「小さな蛆虫やみみず」とあるが、英訳では small の最上級の形になっている。これはこのような「孔」の中に入り込めるような極々小さなものであることを具体的に表すためであると言える。

ℓ.09→ **Centipedes pried his mouth open**

「むかで（たち）は彼（片桐）の口をこじ開けた」。動詞 pry は「〜をてこなどで上げる、動かす」の意味であるが、このように pry 〜 open という形で「〜をこじ開ける」という意味になる。

原文は「むかでたちが口をこじ開け」(7 行目) である。原文の表現がそのまま訳されていると言える。

ℓ.12→ Someone snapped a switch and light filled the room

「誰かがパチッとスイッチをつけ、明かり(光)が部屋を満たした」、「誰かがパチッとスイッチを入れると、部屋中が明るくなった」。動詞 snap は「パチンと音を立てる」の意味であり、基本的にはそのような音と動作を表す。この場合は誰かがスイッチをパチッと押したという音と動作を表している。つまり、スイッチを「入れる」/「切る」ということを表しているのではなく、この文でスイッチを「入れた」ことは、その後で「明るくなった」という記述があるからわかることである。また、名詞 light が無冠詞であるのは、この場合は何か事物を指しているのではなく、純粋に「光、明かり」を意味している。原文は「誰かが明かりをつけた。部屋の中に光が溢《あふ》れた」(10 行目) である。原文ではただ「明かりをつけた」とある。原文ではこのように「明かりをつける」という動作を短くシンプルに述べることで、これまで描写的であった記述からの変化、あるいはトーンの変化が感じられ、何か変わったという印象を受けることができるであろう。一方、英訳では snap という動詞を効果的に用いることで場面の転換を表している。文字通りスイッチを入れて何か機械的に切り替わったように、場面が新たなものとなる。なお、原文では 2 つの文に分けられているが、英訳では、前述のように snap という動作が実際に何を起こすのか明確にする必要もあり、接続詞 and によって前の文と後の文をつなげて一文で表すことが自然であると言えるだろう。また、原文の「光が溢《あふ》れた」の「溢れた」は、「溢れ出ている」状況ではなく「満ち満ちている」ことを表しており、英語ではそれが動詞 fill を用いて表されていることに注意。

ℓ.14→ "Mr. Katagiri!" called the nurse

原文では「『片桐さん』と看護婦が声をかけた」(11 行目)とある。英訳では Mr. Katagiri の後にエクスクラメーション・マーク(!) があり、また動詞は call を用いているので、大きな声で片桐を起こしたということになるが、原文は大きな声で呼びかけたとも、あるいは優しく声をかけたとも、言葉上はどちらにも受けとれるだろう。ただし、文脈からは大きな声で呼びかけたと受けとるほうが自然かもしれない。

ℓ.15→ His body was soaked in sweat

「彼（片桐）の全身は汗でびっしょりだった」。動詞 soak は「～を浸す、つける」という意味であるが、この場合は直訳すると「彼の身体全体が汗に浸された」、つまり「身体は汗でびっしょりだった、ぐっしょりだった」ということを表す。前置詞に in を用いていることから身体全体が汗にぬれている感じが表れている。なお、文脈にもよるが、通常 I was soaked などのように人を主語にした場合、「（雨や水で）ずぶぬれになった、びしょぬれになった」という意味を表すことが多い。原文は「身体は水をかけられたみたいにぐっしょりと汗で濡《ぬ》れている」（12 行目）である。原文の「水をかけられたみたいに」という表現は訳されていないが、soaked in sweat という表現を用いることで全身が汗で「ずぶぬれ」になっていると十分強調された意味になっている。

ℓ.16→ All they had left behind in him was a horrible slimy sensation

「それら（虫たち）が彼（片桐）の中に残していったものは、ある恐ろしいぬるぬるとした感覚だけだった」、つまり「片桐には（片桐の内部には）ただぬるぬるとしたいやな感覚が残されただけだった」ということ。leave ～ behind で「（ある影響・痕跡・記録などを）後に残す」という意味。in him と前置詞に in が用いられているのは、これまで虫たちが片桐の体内に入ってきた感覚を受けているととらえることもできるであろう。名詞 sensation はこの場合「感覚」という意味であるが、特に身体的な感覚、五感による感覚を表す言葉でもあり、この文脈にぴったりの言葉であると言える。なお、原文は「ぬるぬるとしたいやな感触が身体中に残っているだけだ」（13 行目）とあり、「感触」という言葉が用いられている。原文では「身体中に」その「感触」が残っているとあり、これは主に触覚の感覚であると言えるかもしれないが、英訳では身体の内にも外にも感じられるある気持ち悪い感覚のことを表していると言えるかもしれない。

ℓ.19→ With quick, efficient movements the nurse readied […] and stabbed […]

直訳すれば「素早く効率的な動きでもって、看護師は〜を準備し、〜を刺した」、つまり「看護師はてきぱきと動いて〜を準備し、〜を刺した」。名詞 movement に quick と efficient の2つの形容詞が係っている。efficient は「効率的な、能率的な」。また、準備をするのに素早く様々な動作を行っているため、movements と複数形になっている。原文は「看護婦は手早く〜の用意をし、〜を刺した」(15 行目)である。原文では簡単に「手早く」とあるのが、英訳では With quick, efficient movements と形容詞を重ねていることになる。仮に With quick movements とすると、看護師が急いで行動しているようにも受けとれ、つまり「手早く」とは反対に雑な印象をもたらす可能性もある。この場合、原文の「手早く」にはてきぱきとした感じが表されているので、英訳では efficient という言葉を補ったと考えられる。なお、原文の「手早く」は厳密には「用意をし」という述語のみを修飾しているようであるが、英訳では readied と stabbed の両方の述語動詞を修飾しているようである。

ℓ.21→ stabbed the needle into his arm

「彼(片桐)の腕に針を(ぶすっと)刺した」。動詞 stab は「〜を刺す、突く」という意味であるが、刃物や刀でぐさりと刺すという意味合いで用いられることが多い単語である。目的語には、尖ったものを表す様々な名詞を持ってくることができ、この場合は needle 「針、注射針」がきている。この場合は少なくとも「そっと針を刺した」という感じではなく、むしろ「ぶすっと刺した」という看護師の動作を表していると言えるだろう。てきぱきとした看護師が慣れた手つきで躊躇《ちゅうちょ》なく、腕に注射をしている感じである。なお、原文ではただ「彼の腕に針を刺した」(16 行目)とある。英訳では、この文の冒頭の With quick, efficient movements という句が述語動詞の stabbed まで係っているということもあり、efficient と stabbed の関係性が指摘できると言えるであろう。

#39

Restful, Dreamless Sleep

Katagiri was having trouble differentiating dream from reality. “What you see with your eyes is not necessarily real,” he told himself aloud.

“That’s so true,” said the nurse with a smile. “Especially where dreams are concerned.”

“Frog,” he murmured.

“Did something happen to Frog?” she asked.

“He saved Tokyo from being destroyed by an earthquake. All by himself.”

“That’s nice,” the nurse said, replacing his near-empty intravenous feeding bottle with a new one. “We don’t need any more awful things happening in Tokyo. We have plenty already.”

“But it cost him his life. He’s gone. I think he went back to the mud. He’ll never come here again.”

Smiling, the nurse toweled the sweat from his forehead. “You were very fond of Frog, weren’t you, Mr. Katagiri?”

“Locomotive,” Katagiri mumbled. “More than anybody.” Then he closed his eyes and sank into a restful, dreamless sleep.

夢のない静かな眠り

何が夢で何が現実なのか、その境界線を見定めることができなかった。「目に見えるものがほんとうのものとは限らない」、片桐は自分自身に言い聞かせるようにそう言った。

「そうね」と看護婦は言って微笑《ほほえ》んだ、「とくに夢の場合はね」

「かえるくん」と彼はつぶやいた。

「かえるくんがどうしたの？」

「かえるくんが一人で、東京を地震による壊滅から救ったんだ」

「それはよかったわ」と看護婦は言った。そして点滴液を新しいものに取り替えた。「それはよかった。東京には、ひどいものはとくにこれ以上必要ないものね。今あるものだけでじゅうぶん」

「でもそのかわり、かえるくんは損われ、失われてしまった。あるいはもともとの混濁の中に戻っていった。もう帰ってはこない」

看護婦は微笑みを浮かべたまま、タオルで片桐の額の汗を拭《ぬぐ》った。「片桐さんはきっと、かえるくんのことが好きだったのね？」

「機関車」と片桐はもつれる舌で言った、「誰よりも」。それから目を閉じて、夢のない静かな眠りに落ちた。

Translation Notes #39

ℓ.01→ Katagiri was having trouble differentiating dream from reality

「片桐は(その時)夢と現実を識別するのが困難だった(大変だった)」、「片桐は夢と現実の区別をどうつければいいのかわからなかった」。原文は「何が夢で何が現実なのか、その境界線を見定めることができなかった」(1 行目) である。原文では、夢と現実の「境界線を見定める」という多少説明的な表現となっている。一言で言えば「夢と現実を区別する」ということであるが、原文のこの少し独特な表現、説明的もしくは観念的とも言える表現を生かすためであろうか、英訳においても「区別する」という意味で用いられる一般的な単語、例えば tell や distinguish などの動詞は用いられず、differentiate という難しい単語があえて用いられているようでもある。

ℓ.05→ That's so true

「本当にそのとおりね」。原文は「そうね」(5 行目) とだけあるが、英訳では副詞の so を用いて強めている。多少皮肉めいた感じでもある。

ℓ.08→ Did something happen to Frog?

直訳すれば「『蛙』に何か起こったのですか、何かあったのですか?」ということであるが、この場合は「『蛙』がどうかしたのですか」と聞いている。原文は「かえるくんがどうしたの?」(8 行目) である。なお、文字の上で Frog となっているのは、これまで通りこれが「かえるくん」の代わりに固有名詞として用いられているからであるが、看護師の受け止め方としても、片桐が呼ぶ Frog が何か実在するものの名前であるかのようにとらえているということにもなる(寝ている片桐が声に出して何度も呼びかけていたのを聞いていたからであろう)。例えば 'frog' などのように引用符とともに記述されていたとすれば、看護師は何だかよくわからないが「蛙のようなもの」という感覚で受け止めているということになるだろう。

ℓ.09→ He saved Tokyo from being destroyed by an earthquake

「彼(『蛙』)は東京が地震によって破壊されるのを救った」。前置詞の後に動詞がくる場合は動名詞(-ing)の形をとる。この場合はfromの後に、受身の形の動名詞(being destroyed)がきている。つまり「破壊されることから(救った)」ということ。原文は「かえるくんが(一人で)、東京を地震による壊滅から救ったんだ」(9行目)。これまで「東京を壊滅から救う」というフレーズが何度か繰り返され、特に「壊滅」という言葉は繰り返されてきている。英訳では名詞のdestructionという言葉がこれまで何度かあてられてきているが、ここではbeing destroyedという表現になっている。ただし、destructionは動詞destroyをもとにした名詞であるので、ほぼ同じ言葉が繰り返されているという認識になる。

ℓ.10→ All by himself

「全部一人で」。つまり、全部一人で東京を救ったということ。by oneselfは「一人きりで、自分だけで」。allを伴うと強調される。原文では「一人で」(9行目)というフレーズが1つの文の中に収められているが、英訳ではこれだけ単独に一文としてあるので、独力で行ったということが原文よりも強められていると言えるかもしれない。

ℓ.11→ That's nice

原文は「それはよかったわ」(11行目)である。英訳はniceを用いてそのまま訳しているようでもあるが、英語のniceは様々なニュアンスで用いられる言葉であり、場合によっては皮肉めいていることもある。実際には「微妙な」感じであったり、あるいは

「まあまあ」程度の意味合いであったりもする。この場合は東京が壊滅から救われて「よかった」という文字通りの意味で用いられているものの、看護師の心境としてはそれほど本気ではなく、片桐の発言に対して「そうですか」と肯定的なあいづちを打っている程度と考えられるであろう。一方、原文では、この後点滴液を取り替えてから再度「それはよかった」と繰り返しているが、それは英訳では省略されている。

ℓ.11→ replacing his near-empty intravenous feeding bottle with a new one

「彼（片桐）のほぼ空っぽになった点滴入れを新しいものに取り替えながら（看護師は言った）」。intravenous feeding は「点滴」。全体の流れとしては、「点滴入れを新しいものに取り替えながら看護師はそう言った」、あるいは「看護師はそう言って、点滴入れを新しいものに取り替えた」と行為を順に説明しているとも受けとれる。その前の That's nice という素っ気ない言い方から前者の状況で理解することも可能であるだろう。なお、原文は「そして点滴液を新しいものに取り替えた」（11 行目）である。欧米では「点滴液」そのものがあまりなじみのあるものではないので、この場合は、その内容を説明する、より具体的な描写で表していると考えられる。

ℓ.14→ We have plenty already

「既にたくさんある」。名詞 plenty は「たくさん、多量」。ここでは plenty of awful things ということである。原文は「今あるものだけでじゅうぶん」（13 行目）。英語の plenty は「多量」といっても、「めいっぱい、十分」という意味合いがあるため、この英訳の表現は的確であると言える。

ℓ.15→ But it cost him his life. He's gone

「でもそれは彼（『蛙』）の人生（命）を犠牲にした、でもそれで『蛙』は命を失った」。動詞 cost はこの場合「（ある労力を）要する、（ある犠牲を）払わせる」という意味。構文「cost + （人） + （労力・時間・命など）」=「（人）に（労力・時間・命など）を使わせる、失わせる、犠牲にさせる」。この場合は文脈から「蛙」が命を失ったことを意味している。it は「蛙」が東京の壊滅を救ったことを指している。また、He's gone「『蛙』はもういないんだ」という文が続くことによって、その命が失われたことが強調されていると言える。あるいは、life の意味は単純に「命」とは限らず、「人生」、あるいは「蛙」としての「生」のあり方ということなども示唆されているかもしれない。つまり、He's gone という文は、例えば He's dead のような言い方とは異なる。また、さらにこの後には he went back to the mud という表現も続いており、「死」というイメージは実は希薄でもある。

原文は「でもそのかわり、かえるくんは損われ、失われてしまった」(15 行目) である。原文の「損われ、失われてしまった」という表現も、日本語として独特な言い方であると同時に、微妙な言い回しでもある。つまり、単純に受けとれば「かえるくんは怪我をして、死んでしまった」ということであるかもしれないが、あえて「生命」、「身体」、「死」を想起させる言葉が用いられていないようでもある。このような抽象的な感覚は、英訳ではそれほど直接的ではないものの、深く読み込むことでその感覚を得ることができるだろう。前述したように、it cost him his life と He's gone の組み合わせは、直喩的に「命を犠牲にして死んでしまった」とまずはとらえられるが、さらには「『蛙』の『人生』をかけた後にいなくなってしまった」というように、二重の意味が込められていると理解することは可能であろう。

ℓ.15→ I think he went back to the mud

「彼(『蛙』)は混濁(泥)に戻っていったのだと思う」。原文は「あるいはもともとの混濁の中に戻っていった」(16 行目)である。原文の「あるいは」に含まれるニュアンスは、かえるくんの「生」や「存在」に対する片桐の多少とも哲学的考察の姿勢が示唆されているようでもある。英訳ではそれが訳されていないものの、その代わりに I think と始めることで、片桐が「蛙」の「存在」について考えている、少なくとも不思議に思っているという印象はあるだろう。

原作

村上春樹

Haruki Murakami

むらかみ・はるき／1949年、京都市生まれ。兵庫県西宮市・芦屋市で育つ。早稲田大学第一文学部卒業。1979年、『風の歌を聴け』で群像新人文学賞を受賞し作家デビュー。小説のほか、紀行文、エッセー、ノンフィクション、絵本など、幅広い分野の作品を書き続けている。翻訳家としての活動も精力的で、スコット・フィッツジェラルドやレイモンド・カーヴァーの作品の翻訳を通じて、多くのアメリカ文学を日本に紹介している。主な著書に『羊をめぐる冒険』『世界の終りとハードボイルド・ワンダーランド』『ノルウェイの森』『ねじまき鳥クロニクル』『海辺のカフカ』『1Q84』『色彩を持たない多崎つくると、彼の巡礼の年』などがある。

巻頭解説執筆

沼野充義

Mitsuyoshi Numano

ぬまの・みつよし／1954 年、東京都生まれ。東京大学大学院人文科学研究科を経て、ハーバード大学大学院博士課程に学ぶ。東京大学大学院人文社会系研究科・文学部教授。専門は現代文芸論、ロシア・ポーランド文学。文芸評論、翻訳、日本文学の海外への紹介にも積極的に取り組んでいる。編著書に、『世界は文学でできている 対話で学ぶ〈世界文学〉連続講義』（光文社）、著書に『世界文学から／世界文学へ』（作品社）など。

英文解説執筆

侘美真理

Mari Takumi

たくみ・まり／1976 年、東京都生まれ。東京大学文学部卒業、同大学院人文社会系研究科博士課程単位取得満期退学。同大学院人文社会系研究科英語英米文学講座助教を経て、現在、東京藝術大学音楽学部言語芸術講座准教授。専門はヴィクトリア朝小説、1840〜80年代に書かれた幽霊を主題とする小説及び短編の研究など。